LE CINÉMA
DOMINIQUE AUZEL

LES ESSENTIELS MILAN

Sommaire

le cinéma

Divertissement pour les uns ou simple industrie pour les autres, le cinéma, fantastique invention des frères Lumière, a opéré une véritable révolution dans le monde des arts. Il a su trouver sa place dans notre société et s'imposer comme 7ᵉ art. Né de la synthèse de diverses expériences, le cinéma forme un univers riche et varié. Amateurs d'action et de grands spectacles ou cinéphiles sélects des salles d'essai constituent son public tout aussi éclectique. Cet ouvrage s'attache à retracer les grandes lignes de son histoire et de son évolution au cours du XXᵉ siècle : avancée des techniques, systèmes de production, courants cinématographiques, grands cinéastes, acteurs et actrices immortalisés sur la pellicule. On ne saurait toutefois prétendre être exhaustif dans ces quelques pages sur ce vaste sujet. L'objectif ici étant de poser quelques repères pour en retenir l'essentiel !

Le cinéma avant le cinéma

Toutes les inventions qui précèdent le cinéma portent des noms extravagants inspirés du grec : le Phénakistiscope, le Zootrope, le Kinétoscope ou encore le Praxinoscope... On dirait des noms d'animaux préhistoriques. C'est d'ailleurs bien de cela qu'il s'agit : de la préhistoire du cinéma.

La projection

C'est avec le théâtre d'ombres que commence l'histoire du cinéma. On ne saurait dater avec précision l'origine des spectacles d'écran. Les théâtres d'ombres d'Extrême-Orient existent depuis plus de 3 000 ans.

La lanterne magique, ancêtre de nos actuels projecteurs de diapositives, est décrite pour la première fois en 1671 par le père jésuite Athanase Kircher. D'abord réservée aux magiciens, comme Robertson, qui effrayaient les spectateurs avec des projections d'images de monstres apparaissant soudainement dans l'obscurité, la lanterne magique fera les délices des soirées familiales au cours du XIXᵉ siècle. C'est presque le « cinéma chez soi ».

L'animation des images

Étymologiquement, cinéma signifie « écriture du mouvement ». L'animation des images constitue d'ailleurs l'un des principes fondamentaux de la technique cinématographique. Depuis Aristote et Ptolémée, les physiciens savent que les images enregistrées par notre rétine y subsistent pendant un certain temps : un tison porté au rouge, si on lui imprime un vif mouvement de rotation, improvise dans l'air un cercle de feu.

C'est grâce à cette petite imperfection physiologique de notre œil – une légère trace fugace que laisse la vision d'une image sur notre rétine – qu'en 1825, Paris invente le Thaumatrope. C'est le premier jouet d'optique appliquant le principe de persistance rétinienne. Viennent ensuite le Phénakistiscope de Plateau (1833), le Zootrope d'Horner (1835) et le Praxinoscope de Reynaud (1877). Ces inventions préfigurent en quelque sorte le projecteur de cinéma.

Le Praxinoscope (1877)

« La grande nouveauté de cet appareil était un tambour de glace mis au centre d'un autre tambour qu'entourait une bande d'images. Ces images s'animaient dans les miroirs avec une précision et un éclairement qu'aucun appareil semblable n'avait encore atteint jusque-là. » (G. Sadoul)

LE MUET | LE PARLANT

La photographie

C'est la photographie, et son impression de réalité, qui va faire du cinéma un art particulier et autonome. Les premières photographies, autour des années 1820, nécessitant plusieurs heures de pose, interdisaient toute décomposition du mouvement. Les progrès réalisés en matière de photographie permettront à Muybridge, en 1878, d'analyser la course d'un cheval. Il installe vingt-quatre appareils photographiques en ligne, déclenchés tour à tour par des fils placés sur le trajet du cheval. Quatre ans plus tard, Marey se sert, pour analyser le vol des mouettes, d'un fusil photographique. En utilisant des plaques sensibles, il arrive à prendre 12 clichés successifs par seconde avec un temps de pose de 1/720 de seconde par image.

Mais ni Muybridge, ni Marey ni tant d'autres ne parviennent à repérer suffisamment leurs images pour pouvoir les faire défiler avec l'illusion du mouvement. Edison s'en approche avec son Kinétoscope (1891), boîte à l'intérieur de laquelle un film défile d'un mouvement uniforme derrière une loupe. Mais ce film reste prisonnier d'une boîte, d'une machine à sous.

Le Kinétoscope (1891)

Cet appareil de consultation individuelle, mis à la disposition du public dans les magasins spécialement aménagés ou dans les foires, permettait de visionner un court film enregistré par le kinétographe sur une pellicule perforée de 35 mm de large.

Le fusil photographique (1882)

Cette « arme » permettait de « viser et de suivre dans l'espace un oiseau qui vole », ce que ne pouvait pas capter le dispositif photographique de Muybridge.

Les frères Lumière

Ce sont les frères Lumière qui vont reprendre la question là où Edison l'a laissée, en faisant triompher la solution la plus simple et la plus élégante. Louis Lumière, en pensant au mécanisme d'entraînement de la machine à coudre, imagine un appareil qui combine les fonctions de caméra, tireuse et projecteur. Il vient d'inventer le Cinématographe, dont le brevet est déposé le 13 février 1895.

L'image cinématographique tant recherchée et rêvée depuis longtemps est réalité.

> La technique cinématographique est la synthèse de trois principes fondamentaux, qui sont par ordre d'entrée en scène : la projection, l'animation des images, la photographie.

Lumière – Méliès

Dès sa naissance, le cinéma se développe dans deux directions qui constituent, aujourd'hui encore, ses deux aspects fondamentaux. D'une part le réalisme (documentaire, reportage) soucieux de vraisemblance, né des frères Lumière ; d'autre part la fiction, fruit de l'imagination de Georges Méliès.

La première séance

Le 28 décembre 1895, les frères Lumière organisaient la première projection cinématographique publique et payante. La première salle de cinéma se situait au sous-sol d'un café sur les grands boulevards à Paris. Le billet d'entrée coûtait un franc et donnait le droit de voir une dizaine de bandes d'environ une minute chacune dont *La Sortie des usines Lumière*, réalisées par les frères inventeurs.

Le public se montre d'abord méfiant : il redoute une simple projection de lanterne magique ou est trop occupé par la préparation des festivités du nouvel an. Mais finalement, il ne tarde pas à venir en masse. De 33 spectateurs le premier jour, on passe à 2 500 spectateurs quotidiens. Les Lumière se transforment rapidement en producteurs et en distributeurs.

Les frères Lumière réalisateurs

Dès leurs premiers films, les frères Lumière et leurs opérateurs lancés à travers le monde ne se contentent pas de « prendre la nature sur le vif », ils s'imposent comme des créateurs. Déjà s'esquissent des principes de mise en scène, de cadrage.

Malgré l'énorme succès de *L'Arroseur arrosé* (1896), les Lumière ne réservent qu'une faible part au cinéma de fiction dans leur catalogue qui compte en 1898 1 000 titres. Au fil des mois, la composition des programmes tend de plus en plus à la présentation de documentaires et reportages sur l'actualité.

Les Lumière laisseront à d'autres le soin de hisser leur invention au rang d'un nouvel art et se consacrent à de nouvelles recherches, dont la photographie en couleurs.

Programme
de la première
projection publique
et payante
du cinématographe
(28 décembre 1895)

La Sortie des usines
Voltige
La Pêche aux
poissons rouges
L'Arrivée de
congressistes à
Neuville-sur-Saône
Les Forgerons
Le Jardinier et
le petit espiègle
Le Déjeuner de bébé
Saut à la couverture
Place des cordeliers
Baignades en mer

LE MUET   LE PARLANT

Méliès, le magicien

Directeur du théâtre Robert Houdin où il met en scène des spectacles de prestidigitation, Méliès est enthousiasmé par le Cinématographe qu'il veut acheter. Essuyant un refus des Lumière qui désirent s'assurer l'exclusivité de leur invention, il se débrouille pour faire construire un appareil similaire. En 1896, il tourne ses premiers films, en copiant ceux des Lumière.

Il adapte au cinéma les trucs qu'il utilisait dans ses numéros d'illusionniste. Pour *L'Escamotage d'une dame chez Robert Houdin* (1896), il compense les trappes et autres machineries par l'interruption de la prise de vues, le temps de faire disparaître l'actrice du champ. C'est le trucage dit « par substitution » ; viendront ensuite les surimpressions qui préfigurent nos actuels effets spéciaux.

Méliès, le cinéaste

Méliès édifie à Montreuil-sous-Bois l'un des premiers studios de cinéma au monde. Dans ce hangar de 17 mètres sur 7 entièrement vitré, il tourne près de 500 films oniriques et fantastiques dont *Le Voyage dans la Lune* (1903) inspiré de Jules Verne et H.G Welles, *Les 400 farces du diable* (1906), et même de fausses actualités reconstituées dans son studio comme *L'Affaire Dreyfus* (1899). Certains de ses films sont coloriés entièrement à la main image par image.

Mais l'artiste ne saura pas renouveler son registre. En 1912, Méliès est démodé et vaincu par les magnats de l'industrie du film. Il abandonne le cinéma et finit sa vie de façon assez humble.

Dès leurs premières réalisations, les frères Lumière montrent un goût prononcé pour la création, plutôt orientée vers le documentaire, tandis que Méliès met son talent de magicien au service de la fiction.

Les premières années du cinéma

Peu après la première projection du Cinématographe, de très nombreux appareils concurrents apparaissent sur le marché. Les films sont courts et souvent tournés à la hâte. Le cinéma distraction bon marché, dans l'esprit des romans et journaux illustrés de l'époque (1902-1908), est réservé aux gens du peuple et aux enfants. N'ayant pas encore d'endroit fixe où se poser, c'est dans les baraques foraines qu'il faut le chercher, quelque part entre la femme à barbe et le briseur de chaînes.

L'incendie du « Bazar de la charité »

Le 4 mai 1897 à Paris, lors d'une vente de bienfaisance baptisée « Bazar de la charité », un public nombreux assiste à une séance de Cinématographe. Par mégarde, le projectionniste gratte une allumette à côté d'un bidon d'éther qui alimente la lampe du projecteur. C'est la catastrophe. L'embrasement est immédiat. Bilan : 25 morts et une centaine de blessés. Ce sinistre frappe vivement les esprits de la bonne société et jette un bref discrédit sur le Cinématographe, devenu « spectacle mortel ».

1900 – L'Exposition universelle

Elle ouvre ses portes au printemps et fait la part belle au cinéma. Le visiteur va de surprise en surprise.

Les projections du Cinématographe Lumière sur un écran géant (21 mètres de large sur 15 mètres de haut), des démonstrations de cinéma parlant avec le Phono-Cinéma-Théâtre, toutes les inventions à venir au cours du siècle sont ici déjà esquissées.

Mais sitôt l'Exposition terminée, le cinéma ôte ses habits du dimanche et quitte ce lieu prestigieux pour rejoindre les foires et fêtes foraines. Le public est blasé.

Un public, comme l'écrit l'historien du cinéma Georges Sadoul « las de voir éternellement les trains entrer en gare, les bébés déjeuner, les ouvriers sortir des usines, les arroseurs s'arroser... ».

Les pionniers anglais (1896-1905)

Les débuts du cinéma anglais sont connus sous le nom d'« École de Brighton ». C'est dans cette station balnéaire que se forme un groupe d'hommes d'images – avec à leur tête Smith et Williamson – inspirés par la lanterne magique et la projection photographique. Adeptes du gros plan et de la surimpression, ces cinéastes ont le mérite d'avoir introduit les prémices du montage dans leurs récits filmiques. Toutes ces recherches élargissent les moyens d'expression du cinéma et amorcent son langage.

Le « Film d'Art »

Le cinéma traverse sa première crise autour de 1897, liée à la désaffection du public lassé par le manque d'imagination dans les films à l'affiche. Les sujets se répètent, les réalisateurs se plagient. Faire de cette invention, à peine sortie de son âge forain et déjà organisée de façon industrielle, une nouvelle forme d'art, telle est la mission des frères Laffite. Ils vont solliciter les grands noms de la scène et de la littérature et fonder leur société, le « Film d'Art ». Le 17 novembre 1907 sort sur les écrans *L'Assassinat du duc de Guise*, interprété par des sociétaires de la Comédie-Française, sur une musique originale de Camille Saint-Saëns. Suivront *La Tosca, Macbeth* et d'autres adaptations réalisées par diverses sociétés. Le « Film d'Art » séduit le public bourgeois et relève le prestige du cinéma en le sauvant de la vulgarité dans laquelle il pataugeait. En revanche, il ignore encore que le cinéma peut devenir un langage. Il se contente d'offrir à l'écran la reproduction d'un spectacle scénique et sombre le plus souvent dans l'académisme.

Le Cinématographe connaît des débuts difficiles dans les foires. Il cherche son public et son propre langage. « L'École de Brighton » expérimente les techniques du montage, le « Film d'Art » lui apporte une certaine dignité.

L'Assassinat du duc de Guise (1907)
(détail de l'affiche)

Le coq
et la marguerite

Hommes d'affaires avisés, Charles Pathé et Léon Gaumont ont le mérite d'avoir assuré les conditions de l'expansion du cinéma, et choisi avec discernement de nouveaux créateurs, tels Zecca ou Feuillade. Au seuil des années 10, des kilomètres de pellicule sortent quotidiennement des studios Pathé et Gaumont à destination du monde entier. Le cinéma est devenu une industrie prospère.
Après bien des mésaventures, leurs firmes existent toujours. Elles continuent de porter leurs noms et d'arborer leur emblème, un coq pour Pathé, une marguerite pour Gaumont.

Zecca et le film réaliste

Ferdinand Zecca, venu du café-concert, est engagé par Pathé pour copier Lumière, Méliès et les Anglais. Mais, peu à peu, il impose son propre style : le « film réaliste ». C'est la vie dans toute sa crudité : *L'Histoire d'un crime* (1901), *Les Victimes de l'alcoolisme* (1902) ou encore *La Grève* (1904). Zecca se consacrera ensuite à la production et à l'administration ; il supervisera, entre autres, les 32 épisodes de *La Vie et la Passion du Christ*, tournés par Lucien Nonguet entre 1902 et 1905.

Albert Capellani, autre cinéaste phare de la firme Pathé, se spécialise dans l'adaptation de grands classiques comme *Les Misérables* (1912).

Pathé Journal

Vers 1908, Pathé a une idée de génie : présenter au public des événements filmés par ses opérateurs lancés aux quatre coins du monde. Ce programme d'actualités et de reportages est changé périodiquement. Le Pathé Journal est né et sera bien évidemment copié : Gaumont Actualités, Éclair Journal, etc. Il sera très apprécié des spectateurs jusqu'à l'arrivée de la télévision, qui le rend caduc.

Feuillade, créateur de Fantômas

FANTŌMAS

Au départ spécialisée dans la fabrication d'appareils cinématographiques, la maison Gaumont se lance dans la production sous l'instigation d'Alice Guy, la secrétaire du patron. Celle-ci n'hésite pas à tourner elle-même des films, près de 400, et devient ainsi la première femme réalisatrice de l'histoire du cinéma.

Louis Feuillade, qui succède à Alice Guy au poste de directeur artistique, dirigera plus de 800 films, tous tournés d'après ses propres scénarios. Il est le créateur de *Fantômas* (1913-1914), de *Judex* (1916) et des *Vampires* (1916) avec Musidora, la première star de cinéma française. Ces films à épisodes tournés à toute vitesse tiennent les spectateurs en haleine de semaine en semaine.

Essor de l'industrie cinématographique

En 1907, Pathé décide de ne plus vendre les films aux exploitants, mais de les leur louer. Une révolution qui va faire sa fortune. D'autres le suivront. Dès lors, les bases de l'industrie cinématographique sont jetées. Le Congrès international des producteurs et distributeurs adopte en 1909 le 35 mm, mettant fin à la multiplicité de formats et d'appareils de projection sur le marché. En octobre 1911 est inauguré à Paris le Gaumont Palace, alors le plus grand cinéma du monde (3 400 places).
Le cinéma de papa est terminé, les pionniers sont obsolètes. Le cinéma est un art, mais aussi une industrie.

Éclair, l'autre empire

La société Éclair fondée en 1907 par Charles Jourjon se hisse en moins de 7 ans à la troisième place de l'industrie cinématographique. Victorin Jasset y inventera le film à épisodes en 1908 avec la série des *Nick Carter détective*. Mais la guerre de 1914 affectera les activités de l'empire Éclair.

De Léon Gaumont à Léon de Besson

1895 Création de la Sté L. Gaumont & Cie
1897 Début de la production de films
1910 Création du Gaumont Palace (détruit en 1972). Débuts de « Gaumont Actualités » (jusqu'en 1965)
1913 *Fantômas* de L. Feuillade
1934 *L'Atalante* de J. Vigo
1946 Mort de Léon Gaumont
1971 Apparition des premières multi-salles
1981 Sortie de *La Chèvre* (6,9 millions de spectateurs)
1984 Succès du film-opéra *Carmen*
1989 *Le Grand Bleu* (9 millions d'entrées en France)
1993 Accord de distribution avec Walt Disney. Succès des *Visiteurs*
1993 *Léon* de Luc Besson

Parallèlement à la production artisanale de Méliès, le cinéma doit sa métamorphose aux puissants chefs d'entreprises Charles Pathé et Léon Gaumont, créateurs d'empires cinématographiques à la française.

Le temps des comiques

Les tartes à la crème des burlesques américains ont trouvé leur recette auprès de grands comiques du cinéma français des premières années. Deed, Rigadin, Onésime et Max Linder sont les fondateurs du burlesque, premier genre cinématographique qui fera bientôt école outre-Atlantique.

Dès le commencement était le gag

Quelques-unes des premières bandes Lumière reposaient sur un gag visuel, tel *L'Arroseur arrosé*. Ce sont des gags analogues à ceux des dessins humoristiques publiés dans les journaux. Méliès, quant à lui, même au plus profond de sa fantasmagorie, distille le rire. Ce n'est pourtant qu'aux alentours de 1905 que le burlesque fait officiellement son entrée au cinéma.

Le premier comique vient du cirque

Le premier comique fut André Deed (1884-1938). Chanteur et acrobate de cirque, c'est Méliès qui l'engagea puis Charles Pathé qui lui donna sa vraie chance. *La Course à la perruque* (1906) fit de lui une vedette de l'écran dans l'Europe entière. Quittant l'Hexagone pour l'Italie où il devint « Cretinetti », il n'incarnera jamais à l'écran un personnage définitif comme le firent les comiques après lui. Utilisant les trucages cinématographiques (accéléré, arrêt de la prise de vues, etc.) dans le but de faire rire, il reste l'éternel stupide causant mille dégâts. Sa carrière s'achève à l'avènement du parlant.

« Le gentleman aristocrate »

Max Linder fut le premier acteur qui sut créer, d'abord au théâtre (1908) puis au cinéma (1910), un type comique, c'est-à-dire un personnage totalement cohérent, au-delà de l'acteur qui lui prête vie. Cohérent par son costume, ses manières, son mode de vie qui détermine un certain style... Il est en France, aux débuts du cinéma, la star qui s'exporte le mieux aux quatre coins de la planète. Son comique ne manquera pas d'inspirer Chaplin. Grâce au patient travail de sa fille, Maud, Max Linder est aujourd'hui redécouvert par le grand public.

LE MUET   LE PARLAN

Dranem Sténo-dactylographe
(1912)

Les écuries du rire

André Deed parti pour l'Italie, Pathé engage d'autres artistes pour lui succéder : Rigadin, Dranem et Bouco. La compagnie crée à Nice le Studio Comica exclusivement consacré au tournage de films comiques. Le cadre balnéaire constitue déjà le décor d'incidents comiques et grivois, qui ne sont pas sans annoncer les comédies américaines de Mack Sennett.

Gaumont, la grande rivale, riposte en lançant sur les écrans d'autres comiques plus délirants encore : Léonce, Onésime et deux très jeunes vedettes : Bébé et Bout de Zan dont les exploits seront souvent filmés par Louis Feuillade.

*Bébé
et la lettre anonyme*
(1912)

Max Linder

Découvert par Pathé où il ne représente qu'un comique de plus, Max Linder deviendra peu à peu Max : un dandy noceur, marginal et débrouillard, étranger au monde qui l'entoure et mêlé à d'incroyables aventures dans l'espoir de conquérir le cœur d'une jeune créature. Ce personnage ne le quittera plus. Entre 1909 et 1920, il signe plus de 200 films : *Max fait du ski*, *Max et sa belle-mère*, *Le Duel de Max*, etc. Linder est le seul comique français de l'époque qui fera carrière aux États-Unis, où il tournera deux de ses meilleurs films : *Sept ans de malheur* (1920) et *L'Étroit Mousquetaire* (1922). Dans le premier, il crée le célèbre gag du miroir sans glace et dans l'autre la parodie en singeant Douglas Fairbanks. Éclipsé par les comiques américains, dont Chaplin qui reconnaissait en lui « son maître », Max Linder disparaît tragiquement avec sa jeune épouse en 1925.

Après les premiers gags visuels des frères Lumière, des comiques français créent le burlesque, premier genre cinématographique. Films et acteurs comiques ont la vedette, avec Max Linder comme figure de proue.

David Wark Griffith
Un pas de plus vers le 7ᵉ Art

La guerre de 1914-1918, qui ravage l'Europe, offre à la jeune industrie cinématographique américaine l'occasion de s'imposer. Griffith pose les fondements d'un langage autonome, qui cherche à s'affranchir de la dramaturgie théâtrale.

Naissance d'une nation (1914)

Titan du cinéma

Acteur de théâtre, il interprète quelques petits rôles au cinéma et propose des scénarios à la Biograph. De 1908 à 1913, il tournera pour cette compagnie près de 500 films : westerns, burlesques, adaptations littéraires, mini-sagas historiques, autant d'occasions de tout expérimenter. Il quitte la Biograph et monte en Californie sa propre compagnie. Il tourne de grandes fresques historiques, dont *Naissance d'une nation* (1914), un film sur la guerre de Sécession, *Intolerance* (1916), parallèle entre la Saint-Barthélemy, la passion du Christ et la chute de Babylone, ainsi que des drames psychologiques : *Le Lys brisé* (1919), avec Lilian Gish, son actrice fétiche.

Griffith bouleverse toutes les conventions de l'époque, multiplie les points de vues, découpe l'action au lieu d'en livrer un simple déroulement. Il prouve que le cinéma est autre chose qu'un simple spectacle : c'est un nouveau véhicule de la pensée. Il introduit ce que personne n'a su imposer avant lui : le sens de l'épique.

Décors d'*Intolerance* (1916)

Deux films phares

Vénéré pour sa réussite artistique et condamné pour son idéo-
logie raciste, *Naissance d'une nation* est le plus gros succès public
du muet aux États-Unis.

Griffith esquisse sur fond de guerre de Sécession le relèvement
du Sud vaincu. Lui-même était natif du Kentucky (État escla-
vagiste) et élevé dans la plus grande tradition sudiste. Les
convictions anti-Noirs n'étaient pas rares à l'époque, mais le
cinéma ne s'en était jamais fait ouvertement l'écho.

Dans le film, les Noirs, interprétés par des acteurs blancs
maquillés, sont présentés comme des êtres abjects, et le Ku Klux
Klan comme « sauveur de la civilisation blanche », selon les
propres termes de Griffith. Ce film déchaîna les passions à sa
sortie et fut boycotté dans plusieurs États. Griffith se défendra
des attaques en affirmant qu'il n'a fait que traduire la réalité historique et que sa sympathie pour le peuple noir est absolue.
Pour apporter la preuve de cette conviction, il tourne en 1916
sa grande fresque pacifique *Intolerance*.

Ce que le cinéma doit à Griffith :

Gros plan,
plan-séquence,
panoramique,
ouverture à l'iris,
intertitres,
flash-back, fondu au
noir, traitement
expressif de la
lumière, de la couleur
(teintage de la
pellicule),
jeu plus naturel de
l'acteur, écran large,
etc.

Nuances

La paternité du langage cinématographique ne revient pas au
seul Griffith, qui s'enorgueuillissait d'avoir « révolutionné le
cinéma » et « fondé la technique moderne de cet art ». D'autres
cinéastes préfigurent le sens de l'espace, la fluidité de l'action, la
montée dramatique du récit. À ce titre,
Le Vol du rapide (1903) de Porter et
Moonshiner (1904) de Bitzer assurent les
balbutiements du langage cinématographique.

Giovanni Pastrone réalise en
1914 *Cabiria*, l'un des premiers
péplums du cinéma.
L'ampleur des décors
et de la figuration et
pour la première fois l'utilisation de la caméra montée sur
chariot (travelling) font faire
au cinéma, là encore,
un pas de géant.

Naissance d'une nation (1914)
(détail de l'affiche)

D. W. Griffith a
fait faire un bond
en avant au
cinéma. En
imposant de
nouveaux
principes
techniques, il a
découvert sa
richesse
d'expression et
élaboré ainsi son
propre langage.

Les maîtres du cinéma soviétique

Au lendemain de la révolution d'octobre 1917, de jeunes cinéastes étudient l'outil cinéma. Leurs salles de montage sont de véritables laboratoires où sont expérimentés les fondements d'une nouvelle grammaire de films.

Les ciné-trains

Les premiers films russes datent de 1908. Durant la période tsariste, le cinéma russe imite la production étrangère. La révolution d'octobre 1917 va bouleverser les milieux du cinéma.

« De tous les arts – disait Lénine – le cinéma est pour nous le plus important. » Conscient de l'immense influence et du pouvoir de propagande du cinéma, des trains, dont les wagons étaient transformés en salle de projection, sillonnent la Russie tout entière pendant la guerre civile de 1918-1920. Ces films projetés – dits « agit films » – présentaient des informations, des messages idéologiques communistes, et distillaient à une population illettrée à 90 % des renseignements pratiques, comme par exemple la démonstration de méthodes de travail plus efficaces. Mais la véritable apparition d'un cinéma soviétique se fait au cours des années 1920, où l'on assiste à l'émergence de mouvements artistiques qui auront sur lui une très profonde influence.

Vertov, l'homme à la caméra

Dziga Vertov, grand pionnier du documentaire, fonde en 1923 son propre journal d'actualités cinématographiques, le « Kino-Pravda » (cinéma de la vérité), dans lequel il entrechoque les divers sujets d'actualité au lieu de les mettre bout à bout. De ce chaos d'images diverses naît à chaque fois une œuvre nouvelle et unique. *L'Homme à la caméra* (1929), son film le plus connu, est un documentaire qui raconte une journée dans la vie d'une ville soviétique. La star de ce film, c'est la caméra elle-même. Vertov saisit à l'aide de son appareil de prise de vues la réalité simple et nue, le quotidien, en refusant toute mise en scène.

Vertov à sa caméra

LE MUET   LE PARLAN

Lev Koulechov

Ce cinéaste a étudié le principe du montage, sa valeur et ses effets sur le spectateur. Il a compris que la manière dont les images sont juxtaposées au montage influence ce que nous voyons, ou plutôt ce que nous croyons voir. Un visage inexpressif, suivi d'une assiette de soupe, semblera marqué par la faim. Si le même visage est associé à un cercueil, il semblera triste. Le visage du comédien prend avec chaque combinaison une expression différente. C'est ce que l'on appelle l'« effet Koulechov ».

Eisenstein

Il s'inspire à la fois de Koulechov et de Griffith pour faire un cinéma « coup de poing ». D'abord à la prise de vues, Serguei M. Eisenstein enregistre un nombre important de plans qui constituent la matière première du film. Ensuite, il crée un espace autonome en orchestrant son montage par l'utilisation rythmique du gros plan. Il en tire des scènes à couper le souffle. Dans la célèbre scène de l'escalier d'Odessa du *Cuirassé Potemkine* (1925), un événement isolé, un landau qui dévale les marches, ponctue une tuerie et déploie la confusion, la terreur et l'horreur du massacre des innocents par l'armée. L'art côtoie ici la propagande, l'un nourrissant l'autre à l'infini.

Détruisant la narration, car le montage « doit transformer la réalité et les phénomènes réels », il veut davantage démontrer que montrer, en tenant un discours sur le monde. C'est la théorie du « montage des attractions ». Par exemple dans *La Grève* (1925), Eisenstein alterne les plans du massacre des ouvriers par les troupes du tsar avec ceux d'animaux égorgés dans les abattoirs.

À l'ombre d'Eisenstein

En 1926, Vsevolod Poudovkine révèle, avec *La Mère*, une puissance dramatique plus intime, plus proche de l'individu et de la nature, teintée de lyrisme révolutionnaire. Des cinéastes, tels Olga Preobrajenskaïa avec *Le Village du Péché* (1927) et Alexandre Dovjenko avec *La Terre* (1930), reprennent les traditions de la littérature et de la musique de leur pays, pour exprimer l'amour de la patrie et la foi en l'avenir. Les poèmes cinématographiques constituent encore les plus beaux films du monde.

Le Cuirassé Potemkine (1925)

Après la révolution d'Octobre, le cinéma soviétique n'est qu'un outil de propagande. Il prend son envo[l] grâce à trois cinéastes : Vertov pour le documentaire, Koulechov et Eisenstein pour le montage.

L'expressionnisme allemand

Perspectives déformées, décors géométriques, éclairages vifs et ombres menaçantes, histoires mettant en jeu le destin, la folie et la paranoïa dans des villes labyrinthes, où l'individu n'est parfois qu'un automate ou un aliéné, telles sont les principales caractéristiques de l'expressionnisme allemand.

L'écran démoniaque

L'expressionnisme, mouvement d'avant-garde, s'impose dès 1907 en peinture, celle de peintres opposés au naturalisme et soucieux de traduire une vision subjective. De par ces formes torturées et hallucinantes, ce courant pictural pressent les horreurs de la guerre et disparaîtra avec elle. Dans une Allemagne mal dans sa peau, les écrans de cinéma se peuplent d'ombres menaçantes. Un énorme élan de créativité s'empare de l'Allemagne après l'armistice de novembre 1918. Au début de la même année, l'UFA, puissante maison de production financée par le gouvernement allemand, fait édifier dans un faubourg de Berlin le plus grand studio d'Europe. L'Allemagne rattrapera rapidement son retard en matière de cinéma avec des films à grand spectacle.

La postérité de l'expressionnisme s'est révélée plutôt photographique. Elle marquera aussi bien la France et son réalisme poétique (avec Marcel Carné) que les États-Unis et le film noir.

Un cabinet fantastique

C'est *Le Cabinet du docteur Caligari* (1919) de Robert Wiene qui inaugure l'ère de l'expressionnisme. Ce film met en scène un charlatan fou qui exhibe dans les foires un géant somnambule. Les décors sur toiles peintes ne sont que dédales de ruelles, maisons aux formes et fenêtres triangulaires. Les personnages maquillés à outrance, autant figures géométriques qu'êtres humains, se fondentparfaitement dans cet univers saisissant.

Le Cabinet du docteur Caligari (1919)

LE MUET   LE PARLANT

Le « Kammerspiel »

Le « Kammerspiel » (théâtre de chambre) se détourne de l'expressionnisme et marque un retour au réalisme. Des personnages quotidiens évoluant dans des décors réalistes sont plongés dans un huis clos oppressant et dramatique. Angoisse, désespoir et fatalité sont cependant encore au rendez-vous.

Fritz Lang

Capable de passer du conte légendaire au policier, du drame psychologique à la fantaisie, Lang (1890-1976) peut être considéré comme le plus complet de tous les réalisateurs allemands. *Metropolis* reste son film le plus connu et le plus spectaculaire : il le tourne en 1926, à l'apogée de l'expressionnisme. En l'an 2000, une grande communauté d'esclaves se rebelle contre sa dure existence. Le chef fait construire un robot qui prend les traits d'une jeune fille proche du peuple. Cette superproduction permet à l'Allemagne de rivaliser avec les films de Griffith et Cecil B. De Mille : des décors colossaux, 750 acteurs et 40 000 figurants. Avec *Le Docteur Mabuse* (1922), il s'intéresse aussi à cette lutte entre le bien et le mal et à la recherche obsessionnelle du pouvoir. Ce film, qui annonce en quelque sorte la menace nazie, sera interdit par le régime hitlérien.

Metropolis **(1926)**
(affiche du film)

Murnau

Au sens strict du terme, Murnau n'est pas un cinéaste expressionniste. *Nosferatu* (1922) est tourné en décors extérieurs, sans procédé spécial ni traitement plastique prépondérant. Pourtant, dans ce film, évoluent des personnages monstrueux, hantés par le dédoublement de la personnalité, l'inhumanité, la terreur, éléments caractéristiques de l'expressionnisme allemand.

La caméra de Murnau devient légère et acrobatique pour montrer la déchéance d'un portier d'hôtel dans *Le Dernier des hommes* (1925), relégué au service des lavabos et privé de l'uniforme qui faisait sa fierté, film tourné dans la plus pure tradition du « Kammerspiel ». Même chose pour le vieux savant harcelé par Méphisto dans *Faust* (1926) ou le jeune paysan de *L'Aurore* (1927) qui, sous l'influence de sa maîtresse, tente de tuer son épouse. Ce dernier film fait partie de ceux qu'il tournera aux États-Unis jusqu'à sa mort accidentelle, en 1931.

Héritier de l'expressionnisme, mouvement pictural avant-gardiste, le cinéma expressionniste allemand dépeint, dans sa vision subjective du monde, des atmosphères noires et angoissantes. Le nazisme interdira ce mouvement.

L'avant-garde française

De jeunes cinéastes abordent la mise en scène avec des idées toutes neuves. Cette avant-garde épouse les courants artistiques du moment : dadaïsme et surréalisme. Elle se veut insolente, iconoclaste et teintée d'un humour féroce. C'est l'apogée du cinéma muet...

À propos de Nice (1930)

Des noms à retenir :

Abel Gance : créateur d'un nouvel art cinématographique qu'il nomme « symphonie des images ».

Louis Delluc : chef de file de l'avant-garde impressionniste des années 20 et fondateur de la critique cinématographique.

Jean Epstein : metteur en scène et théoricien du cinéma d'avant-garde des années 20.

Jacques Feyder : Créateur du réalisme poétique.

Marcel l'Herbier : créateur de films impressionnistes et esthétisants.

René Clair : Il est celui qui s'accommode le mieux et le plus rapidement de l'arrivée du parlant.

Vers un cinéma universel

Au sortir de la Première Guerre mondiale, le cinéma américain a envahi les écrans français. Les empires industriels Pathé et Gaumont sont fragilisés.

Dans ce chaos, de jeunes artistes issus des milieux intellectuels, refusant les histoires romanesques et soucieux de composer une mosaïque d'impressions (« impressionnisme » sera le nom donné à ce courant), se lancent dans la mise en scène et souhaitent donner au cinéma un langage universel.

Précurseur de ce mouvement, Louis Delluc, que l'on doit considérer comme le fondateur de la critique cinématographique, se fait l'écho des nouveaux courants dans sa revue *Cinéa* ; il passera en 1921 à la mise en scène avec *Fièvre*, où il recrée l'ambiance trouble des bas-fonds marseillais.

Cinéphilie et 7e Art

Les années 20 bouleversent le cinéma : le théoricien Ricciotto Canudo parle pour la première fois de « 7e art ». En 1925, G.M. Coissac publie la première histoire du cinéma et des salles de répertoire sont enfin ouvertes : les Ursulines, le Vieux Colombier et le Studio 28.

Après le public forain de 1896 à 1907, puis le public bourgeois et populaire de 1908 à 1917, c'est le public des intellectuels qui va devenir la cible des cinéastes.

Décors futuristes de L'Inhumaine

Le visuel d'abord

Le premier de ces cinéastes novateurs est Abel Gance. Dès 1916, il apporte un sang neuf avec *La Folie du docteur Tube*, film fantastique aux images déformées, *J'accuse* (1919), plaidoyer contre la guerre, et *La Roue* (1922), réalisé en montage accéléré. Il concrétise ces techniques dans son *Napoléon* (1927), dans lequel il travaille la surimpression et la vision panoramique grâce au triple écran.

Marcel L'Herbier, lui, travaille plus la plastique de l'image et se rapproche en ce sens des cinéastes allemands. Il stylise les décors et le cubisme de *L'Inhumaine* (1923), proche de l'expressionnisme du *Cabinet du docteur Caligari* (1919), qui annonce l'univers futuriste de *Metropolis* (1926). L'architecte Robert Mallet-Stevens, le peintre cubiste Fernand Léger, l'écrivain Pierre Mac Orlan, le compositeur Darius Milhaud et le grand couturier Paul Poiret ont tous collaboré à la réalisation de *L'Inhumaine*.

Jean Epstein, avec une séquence de *Cœur fidèle* (1923), ouvre la voie à une sensation visuelle d'étourdissement. Il faut voir, dans ces surimpressions, ce chaos de vision, cet entrechoquement d'images, un contrepoint visuel à celui que l'on trouve dans le son ou les dialogues des films parlants.

Les adeptes du court métrage

D'autres cinéastes se spécialisent dans le court métrage, moins onéreux et propice à de multiples expérimentations. Ils refusent l'anecdote et n'utilisent les images de la réalité que dans un sens rythmique. Exemples : Fernand Léger avec *Ballet mécanique* (1924), Eugen Deslaw avec *La Marche des machines* (1928). Il y a ceux issus du courant surréaliste qui transportent dans le domaine cinématographique les préoccupations de ce mouvement artistique. Ainsi, Man Ray réalise plusieurs films avec le poète Robert Desnos dont *L'Étoile de mer* (1928), tandis que Germaine Dulac sort *La Coquille et le Clergyman* (1928) sur un thème d'Antonin Artaud. Le film le plus connu de ce genre demeure *Un chien andalou* de Luis Buñuel et Salvador Dalí (1928), suivi de *L'Âge d'or* (1930), film dirigé contre la société bourgeoise et interdit par la censure.

Dans cette avant-garde, le documentaire poétique prend naissance avec Jean Vigo et sa réalisation *À propos de Nice*, satire anti-bourgeoise, avec Jean Painlevé et ses films scientifiques, et enfin avec Marcel Carné, qui signe son premier court métrage *Nogent, Eldorado du dimanche* (1929).

Naissance du *Chien andalou*

« Ce film naquit de la rencontre de deux rêves, écrivait son réalisateur Luis Buñuel. En arrivant chez Dalí à Figueras, invité à passer quelques jours, je lui racontais que j'avais rêvé, peu de temps auparavant, d'un nuage effilé coupant la lune et d'une lame de rasoir fendant un œil. De son côté, il me raconta qu'il venait de voir en rêve, la nuit précédente, une main pleine de fourmis. Il ajouta : « Si nous faisions un film, en partant de ça ? »
L'œil coupé au rasoir est la scène la plus choquante du *Chien andalou*. L'effet est obtenu au montage avec un œil de veau, l'imagination du spectateur faisant le reste...

Les années 20 voient l'éclosion en France de l'impressionnisme, nouveau courant cinématographique incarné par une jeune avant-garde intellectuelle. En plein apogée du muet, ce mouvement mise sur les effets du visuel.

Le burlesque américain

Résultat d'un travail d'équipe durant de nombreuses années, le burlesque américain devient vite, au cours des années 20, le domaine réservé de ceux qui feront cavalier seul : Keaton, Lloyd, Chaplin et Langdon...

Mack Sennett

La date de naissance de l'école burlesque américaine coïncide avec le tournage de *Cohen at Coney Island* le 23 septembre 1912, première comédie signée Mack Sennett, « The King of comedy », comme le surnomment rapidement les Américains. Durant les cinq années suivantes, Mack Sennett et sa troupe d'acteurs acrobates vont élaborer un style et conquérir l'exclusivité du marché mondial du film burlesque, en supplantant les comiques francais. Le « Slapstick » est né.

Ses courts métrages, constamment improvisés, sont essentiellement fondés sur des gags visuels, dont quelques mémorables batailles de tartes à la crème ou des poursuites en voiture, notamment en vieilles Ford T.

Buster Keaton, « l'homme qui ne rit jamais » un slogan imposé par une clause de ses contrats).

À la limite de la censure

Le style Sennett se caractérise par des folles poursuites entrecoupées de bagarres. Les riches perdent toute leur dignité et se voient dépossédés de leurs biens. On doit à Sennett d'avoir découvert Charlie Chaplin, Buster Keaton, le gros Fatty Arbuckle et Ben Turpin (qui louche), d'avoir créé les « Bathing Beauties » (jeunes filles en maillot de bain), premières pin up du cinéma, et les célèbres « Keystone Cops » (policiers déments), image de marque de sa société la « Keystone Company ». Le public, surtout celui d'émigrants désargentés, aime ce type de comique destructeur, qui remet en cause les grandes valeurs américaines. Sans Mack Sennett, Hollywood ne serait pas ce qu'elle est devenue et bien des vedettes de son écurie ne seraient jamais entrées dans la légende.

Roach et les autres

Hal Roach devient le concurrent le plus direct de Sennett. À la suite d'un héritage providentiel, il fonde en 1915 sa propre maison de production. Il fait tourner Charlie Chase et Harold Lloyd, ce dernier lui permettant de conquérir une certaine audience.

Chez Roach, à l'inverse de la frénésie Sennett, tout est lent et répétitif. L'art de Roach poussé à son paroxysme donne naissance à Laurel et Hardy, le couple burlesque le plus célèbre de l'histoire du cinéma.

D'autres comédiens de cette école méritent d'être cités : Larry Semon, petit bonhomme aux pantalons trop courts ou encore Harry Langdon, un clown triste, lunaire et pathétique.

Le « Slapstick » disparaît avec l'avènement du cinéma parlant.

Fatty Arbuckle,
le bon gros
de la Keystone

Chaplin : le génie

Tous les comiques cités précédemment doivent s'incliner devant le génie de Chaplin, créateur du gentleman vagabond, qui se promène dans un monde auquel il refuse de s'adapter : *Une vie de chien* (1918), *Le Kid* (1921), *La Ruée vers l'or* (1925).

Le temps d'un film, il n'apparaît pas comme acteur mais derrière le masque du clown, et c'est toute la tristesse incarnée dans *L'Opinion publique* (1923).

L'art de Chaplin atteint dans la simplicité une certaine perfection. Rien d'étonnant à ce qu'il refasse plus de 300 fois l'une des plus célèbres prises des *Lumières de la ville* (1930), celle où le vagabond entre puis ressort par une voiture, pour regagner le trottoir, et est pris pour un milliardaire par une jeune aveugle. Tout le génie de Chaplin se résume dans cette scène.

Maître de l'expression à l'époque du muet, Chaplin excellera aussi dans les films parlants.

Sous l'égide de Mack Sennett, le burlesque américain s'empare du marché mondial et devient le « Slapstick » : un comique destructeur basé sur des poursuites ou des batailles de tartes à la crème. Il révèle tout le génie de Charlie Chaplin.

Du muet au sonore

Malgré leur nom de films muets, ceux-ci ne furent jamais vraiment silencieux. En effet, en 1895, Edison associait déjà son phonographe au Kinétoscope. Mais c'est *Le Chanteur de Jazz* qui sort en 1929 le cinéma de son mutisme originel.

Le Chanteur de jazz (1927)

Jamais vraiment muet...

Dès les débuts du cinéma, il y a souvent eu un accompagnement musical, soit par un pianiste pour les films courts, soit par un orchestre symphonique pour les films longs et à grand spectacle. Le bruiteur remplace vite le bonimenteur des premiers temps, qui « commentait » à sa façon le déroulement de l'histoire. Dans les petites salles bondées d'un public populaire, parfois désinvolte, la mélodie scandée par le pianiste accompagnait certes le film, mais donnait aussi la cadence de la projection. Elle permettait ainsi au projectionniste de garder le même rythme. De plus, la musique couvrait le bruit du projecteur.

Le Chanteur de jazz

En 1927, la Warner Bros met au point le système Vitaphone inauguré dans *Le Chanteur de jazz* d'Alan Crosland. Dans ce film, pratiquement muet, Al Johnson s'adresse au public « Attendez ! Attendez ! Vous n'avez encore rien entendu. » Le système des frères Warner consistait à passer en synchronisme un disque sur un gramophone pendant que le film défilait à l'écran. Mais les aiguilles de l'appareil ayant tendance à sauter, la synchronisation du son et des images était souvent mauvaise. On entendait les mots avant ou après leur lecture sur les lèvres de l'acteur. Le film fera cependant sensation et, malgré les sceptiques qui pensaient que le parlant n'était qu'une mode et ne durerait pas, le cinéma entrait dans une ère nouvelle.

D'autres studios et compagnies se lanceront dans le son. Une guerre des brevets éclate à nouveau. Le muet, au début des années 30, est obsolète.

Apparition de nouveaux visages et de nouvelles voix

Le son va changer le jeu des acteurs. Celui-ci n'est plus limité aux mouvements du corps ou du visage. Fini les mimiques, les grimaces et les gesticulations ! Désormais, l'acteur joue de l'intérieur et parle.

Marlène Dietrich dans *L'Ange bleu* (1929)

Mais les techniques de prise de son n'en étant qu'à leurs balbutiements, les acteurs doivent se souvenir de la cachette des micros, tandis que la caméra jusqu'alors mobile se retrouve enfermée dans une cabine insonorisée. Heureusement, le progrès arrive vite. L'enregistrement sur disque est abandonné. Le son est enregistré directement sur la pellicule (plus tard, au début des années 50, sur bande magnétique). Il devient donc de meilleure qualité et d'un traitement plus souple par rapport à l'image. Le défilement de la bande passe de 16 à 24 images par seconde.

Des cinéastes profitent de cette nouvelle technique pour mieux affirmer leur talent : Josef von Sternberg (*L'Ange bleu,* 1929), Howard Hawks *(Scarface,* 1932), Frank Capra (*New York – Miami,* 1934) et René Clair en France.

Et vint le Dolby...

En 1977, le Dolby Stéréo apparaît avec *La Guerre des étoiles.* Aujourd'hui indispensable au paysage cinématographique, il réduit les bruits parasites et restitue un espace sonore.

Des étoiles qui s'éteignent

L'avènement du son a diverses conséquences, notamment pour les acteurs. De nombreuses stars de renommée internationale mais d'origine européenne ont un accent inacceptable ; pour d'autres, leur voix passe mal à l'écran. À partir de cette date disparaissent quelques-unes des vedettes du muet, échouant à l'épreuve du micro. John Gilbert, célèbre partenaire de Greta Garbo, sera écarté des studios ; certains surmontent la difficulté d'une manière inattendue, comme Chaplin qui exprime sa répulsion pour le parlant dans *Les Lumières de la ville* (1930), en remplaçant un discours par de curieux gargouillis ou en utilisant des intertitres dans *Les Temps modernes* (1936).

De plus, le son complique la distribution internationale des films. Pour un film muet exploité hors de son pays d'origine, il suffisait de traduire les intertitres. Mais, avec l'arrivée du parlant, tout devient différent. Les films français, suédois, etc. sont inexploitables auprès de l'immense public anglophone et américain. Le public préfère voir et entendre des films parlés dans sa langue. Très vite le sous-titrage et le doublage apportent des solutions à ce problème.

> Le film muet est supplanté dans les années 30 par l'arrivée du sonore, ce qui a de lourdes conséquences sur le choix et le jeu des acteurs, ainsi que sur l'exportation des films. Le cinéma tourne une page importante de son histoire.

Le réalisme poétique

Les années 30 représentent l'âge d'or du cinéma français. C'est également l'époque du Front populaire et d'une prise de conscience politique. De grands réalisateurs comme Jean Renoir et René Clair choisissent des sujets associés en général au documentaire – l'homme de la rue vivant dans un quartier que l'on reconnaît – pour créer des films d'un romantisme et d'une poésie intenses, en accord avec l'humeur du temps.

Crise financière et artistique

Au lendemain de la crise de 1929, le cinéma traverse une crise financière et artistique. Deux grandes sociétés, Pathé-Natan et Gaumont font faillite. Jean Vigo, le « Rimbaud du cinéma », meurt à l'âge de vingt-neuf ans, n'ayant eu que peu de temps pour donner une infime partie de son talent. On assiste sur les écrans à un déferlement de comique troupier : on évoque l'ambiance des casernes dans *Le Coq du régiment* (1933) de Maurice Cammage, la passion de l'argent dans *Avec le sourire* (1936) de Maurice Tourneur, on piétine les valeurs du travail dans *Ces messieurs de la Santé* (1933) de Pierre Colombier, on exalte la xénophobie et l'antisémitisme dans *Bacarra* (1935) d'Yves Mirande, avec une allusion à l'affaire Stavisky.

Cinéma de la fatalité

Le réalisme poétique puise son inspiration dans la tradition naturaliste et populiste de la littérature française (Pierre Mac Orlan, Francis Carco). Carné préfère parler de « fantastique social ». Cinéma de la fatalité et de la désespérance, les personnages sont en quête d'un impossible ailleurs. La mort est souvent leur unique destin. Cette vision pessimiste vaudra au tandem Carné – Prévert de voir *Le jour se lève* (1939) interdit par la censure militaire, qui juge le film démoralisant, tandis que les autorités de Vichy mettront sur le dos de *Quai des brumes* (1938) la défaite de la France en 1939. On soigne récits et esthétique. On tourne en studio où l'on travaille la lumière artificielle dans la tradition de l'expressionnisme allemand. Ainsi, ce courant se caractérise par les décors stylisés d'Alexandre Trauner, les éclairages néo-expressionnistes d'Eugen Schüfftan ou encore les dialogues de Jacques Prévert. Ce cinéma transcende la réalité et fait la part belle aux acteurs avec des têtes d'affiche et une certaine verve dans les dialogues.

Le jour se lève
(1939)

LE MUET   LE PARLANT

Jean Vigo

Sa filmographie est très courte et pourtant il a profondément marqué le cinéma français avec *L'Atalante* (1933-1934). Au-delà d'une histoire sentimentale, celle d'un couple qui se sépare, Jean Vigo fait le récit d'un amour désespéré et fou. Le réalisme se transforme en onirisme, notamment dans la scène où le mari plonge sa tête dans l'eau, pour y revoir le visage de la femme qui l'a quitté, ou encore dans l'univers surréaliste du vieux marinier interprété par Michel Simon. Lorsque Vigo disparaît, le réalisme poétique devient plus « social ».

Michel Simon
dans *L'Atalante*
(1933)

La tragédie populaire

Dans les films de Carné et de Duvivier, les déserteurs, les mauvais garçons, même repentis, n'échappent pas à leur destin tragique, souvent à cause d'une femme fatale. Ainsi, Jean Gabin incarne-t-il le héros type, qui traverse la Casbah d'Alger dans *Pépé le Moko* (1936) de Julien Duvivier, ou un port de nulle part dans *Quai des brumes* (1938). Tous les films racontent la même histoire, désespérée et ponctuée par des dialogues cousus main signés Jacques Prévert ou Henri Jeanson.

Pépé le Moko (1936)

Le réalisme poétique apparaît sur fond de Front populaire. Teinté de romantisme et de pessimisme, c'est un cinéma de la fatalité et du désespoir, dont Jean Gabin demeure le héros le plus populaire.

L'âge d'or du cinéma parlant

Marcel Pagnol et Sacha Guitry, dramaturges et romanciers de renom, se distinguent à côté du réalisme poétique et d'une production de films bien médiocres. Affichant tout haut leur mépris du cinéma, ils signent des mises en scène originales, devenues indispensables. Quant au cinéma du Front populaire, il véhicule des images chargées d'espoir.

Le cinéma du Front populaire

Le Front populaire insuffle son optimisme au cinéma. Julien Duvivier réalise durant l'été 1936 *La Belle Équipe*. À l'origine, cette histoire d'ouvriers au chômage, gagnant à la loterie nationale et s'associant pour créer une guinguette sur les bords de Marne, se finissait dans la tragédie. Sous la pression des producteurs, le cinéaste termine son film sur une happy-end plus proche de l'euphorie d'alors. Avec *Le Crime de Monsieur Lange* réalisé en 1935, Jean Renoir démontre avec un anarchisme joyeux les bienfaits d'une coopérative ouvrière, supplantant admirablement un patron absent. Ce dernier, éditeur crapuleux, est tué et son assassin « innocenté » par la coopérative.

En 1936, Renoir sort *La vie est à nous,* film de montage commandité par le parti communiste qui détourne de leur sens certaines images, avec par exemple des aboiements sur un discours d'Hitler.

La Marseillaise (1937) du même Renoir, film financé par la CGT, dans lequel l'histoire de France se répète, permet de célébrer les prises de conscience du peuple. Le réalisateur ne tombe pas dans le panneau, son Louis XVI n'a rien d'un roi stupide et faible ; Renoir se penche également sur le drame personnel vécu par le monarque déchu.

Pagnol, le méridional

Même s'il considère le cinéma comme du « théâtre en conserve », Marcel Pagnol est le premier à utiliser les camions-son, pour sortir le cinéma du studio. Ses acteurs viennent du café-concert marseillais, ce qui donne à ses films pétris d'une généreuse innocence un charme emprunt d'un humanisme tout méridional. Il réalisera lui-même *César* (1938), le troisième volet de la célèbre trilogie. Parmi les comédiens fétiches du cinéaste académicien, on retiendra les inoubliables Raimu, Fernandel et Orane Demasis. Loin de toute convention théâtrale, c'est avec Marcel Pagnol que le parlant prend toute son intensité.

César (1938)

Guitry, le Parisien

Passé à la postérité pour ses cinglantes et insolentes répliques, Sacha Guitry affiche une piètre opinion du cinéma. Toutefois, ses pièces, astucieusement transposées à l'écran, conservent toute leur fraîcheur. *Le Roman d'un tricheur* (1936) est presque entièrement commenté en voix off par le personnage principal, ce qui était une première pour l'époque. Mais Guitry, l'homme de théâtre, ne cesse de plaider la cause des mots et des dialogues contre le pouvoir des images et les astuces de la mise en scène.

Renoir, le « Patron »

La Grande Illusion (1937)

C'est en pleine crise économique, avec l'arrivée du cinéma parlant, mais aussi la montée des fascismes, que Jean Renoir inscrit définitivement son nom au tableau des grands cinéastes de ce siècle. *La Grande Illusion* (1937) dénonce les horreurs et surtout l'absurdité de la guerre : « Parce que je suis pacifiste, j'ai réalisé *La Grande Illusion* », déclare-t-il. Ce film montre aussi que les hommes ont tous besoin des hommes. *La Règle du jeu* (1939), fantaisie dramatique, exprime les troubles de la société française et dépeint en particulier une certaine société décadente et irresponsable. Le film fait scandale et la présence de Marcel Dalio dans le rôle d'un châtelain juif déclenche la haine de la presse antisémite. Renoir devra amputer son film. En vain ! Il sera retiré de l'affiche. Pendant la Seconde Guerre mondiale, Renoir part en exil aux États-Unis. Il y réalise plusieurs chefs-d'œuvre, dont *L'Homme du Sud* (1945).

Sans volonté de convaincre ni de prouver, Renoir révèle au genre humain sa vraie nature. Il aime renverser clichés et conventions, pour mieux mettre en lumière les contradictions de l'âme. Il est célèbre, voire vénéré, par les cinéastes de la Nouvelle Vague. Ils le surnomment même le « Patron » ! François Truffaut, figure emblématique de ce renouveau cinématographique, élabore ses films en référence à ses maîtres qu'incarnent pour lui Renoir ou Guitry.

Malgré leur dédain pour le cinéma, Pagnol et Guitry contribuent à faire des années 30 l'âge d'or du parlant. Le Front populaire lui insuffle toute sa gaieté et ses espérances, face à la montée du fascisme.

La naissance du cinéma documentaire

Le documentaire n'écrit sa propre histoire qu'avec des cinéastes tels que Flaherty et Vertov. Ils ne se bornent plus à reproduire la réalité mais à créer à partir du matériau qu'elle offre.

Les vrais précurseurs

Dans les années 20, les cinéastes commencent à s'interroger sur la valeur de l'acte cinématographique. Le soviétique Vertov découvre le cinéma en même temps que la révolution : il filme « la vraie vie sur le vif », à des fins politiques d'une part, pour mettre à nu les rouages de la société, au niveau plastique d'autre part, pour expérimenter toutes les possibilités qu'offre le montage. Après lui, Joris Ivens deviendra le porte-parole de ce cinéma militant. Il signe en 1937 *Terre d'Espagne*.

Quant à Flaherty, ses films anthropologiques et plus exotiques furent appelés « Documentaire » pour la première fois en 1926 par John Grierson, et considérés comme étant « le traitement créatif de la réalité ».

Robert Flaherty (1884-1951)

L'auteur de *Nanouk* (1922) a vécu parmi les Esquimaux, qu'il connaît bien, et a partagé leur combat pour la survie quotidienne : pêche, lutte contre le froid, et s'est ainsi lié d'amitié avec eux. Il ne travaille qu'avec des personnes qui jouent leur propre rôle. Mais au lieu d'enregistrer platement la réalité, il la remet en scène. Tout ce que fait Nanouk devant la caméra est une reconstitution minutieuse, fruit de l'observation et de l'acuité de Flaherty à saisir les détails authentiques. Sur la banquise, le cinéaste développe lui-même la pellicule au fur et à mesure du tournage, ses acteurs sont ses premiers spectateurs. Il ne veut pas les trahir en leur imposant une fausse image de leur personne. La technique Flaherty passe d'abord par une grande honnêteté. Et il en sera de même avec les indigènes de *Moana* (1926), avec les pêcheurs irlandais dans *L'Homme d'Aran* (1933).

L'aventure qu'il filme débouche toujours sur un poème, plus documenté que documentaire.

Le documentaire aujourd'hui

Marcel Ophüls
Avec *Le Chagrin et la Pitié* (1971) Ophüls réalise un documentaire historique traité sous la forme d'une chronique. S'appuyant sur les témoignages des habitants de Clermont-Ferrand, il détruit le mythe qui fait de chaque Français un résistant de la première heure.

Vers un genre particulier

Après la guerre de 1939, le documentaire retrouve sa fonction première : témoigner de la réalité. Les formats de pellicule sont réduits et les caméras sont moins encombrantes, permettant une plus grande mobilité, ce qui éloigne le cinéma de l'esthétisme pur. Quelques courants, tels que le néo-réalisme ou la Nouvelle Vague, trouvent dans le documentaire des raisons successives d'épurer la fiction, de filmer sans artifices, de laisser une place au hasard.

La télévision, favorisant le développement des techniques légères, incite au renouvellement de l'art du documentaire. D'abord au Canada et aux États-Unis, pour avoir très vite des retombées en France. Le Québécois Michel Brault, le Français Jean Rouch et tant d'autres se lanceront caméra en main à l'aventure, donnant toutes ses lettres de noblesse à ce qu'il est faux de considérer comme un genre mineur.

Aujourd'hui, le documentaire a pratiquement déserté le grand écran, mais de rares chaînes de télévision (principalement Arte) continuent d'assurer sa diffusion. Marcel Ophüls et Raymond Depardon continuent de donner à ce genre ses lettres de noblesse.

Raymond Depardon

Ancien photographe-reporter, il sait observer la société française et ses institutions. *Reporter* (1980), *Urgence* (1987) radiographient, sans artifices, par des plans longs, des moments que le quotidien nous a rendus invisibles.

Photo de fond : *Nanouk l'Esquimau* (1922)

100 ans de documentaire

La Sortie des usines Lumière (L. Lumière, Fr., 1895)
Nanouk l'Esquimau (R. Flaherty, É.-U., 1920)
Berlin, symphonie d'une grande ville (W. Ruttmann, All., 1927)
L'Homme à la caméra (D. Vertov, URSS, 1929)
Drifters (J. Grierson, G.-B., 1929)
Nogent, Eldorado du dimanche (M. Carné, Fr., 1929)
Night Mail (H. Watt et B. Wright, G.-B., 1936)
Farrebique (G. Rouquier, Fr., 1946)
Nuit et Brouillard (A. Resnais, Fr., 1955)
Lettre de Sibérie (C. Marker, Fr., 1958)
Moi, un Noir (J. Rouch, Fr., 1958)
Le Chagrin et la Pitié (M. Ophüls, Fr., 1969)
Shoah (C. Lanzman, Fr., 1976-1985)
Faits divers (R. Depardon, Fr., 1983)

Films animaliers, scientifiques, d'art, ethnologiques, le documentaire prend naissance dès les films Lumière, mais ne devient qu'un genre à part entière avec Flaherty et Vertov autour des années 20.

Hollywood : l'usine à rêves

Grâce au succès des premières réalisations de Charlie Chaplin, les États-Unis conquièrent le marché mondial et assurent définitivement leur puissance financière. Un village de la banlieue de Los Angeles, nommé Hollywood, où l'on a transformé des granges en studios, devient, dès 1914, le centre du cinéma américain.

La ruée vers l'ouest

En Californie, l'ensoleillement est plus important et les conditions climatiques meilleures. De plus, la main-d'œuvre est bon marché et les paysages variés.

En 1907, Francis Boggs a l'idée d'y tourner les scènes extérieures du *Comte de Monte-Cristo*. Le film est un succès. En 1909, William Selig ouvre un studio et sera suivi par la plupart des sociétés new-yorkaises, dirigées par des magnats désireux de soumettre le 7ᵉ Art aux lois de la fabrication standardisée. Produire un film coûte cher.

Le temps des productions bricolées et improvisées est révolu. Les films sont tournés dans d'immenses studios dotés de mille perfectionnements techniques.

Bien des années plus tard, avec des cinéastes tels que Woody Allen ou Martin Scorsese, New York redeviendra une place importante du cinéma américain.

Le producteur tout puissant

L'échec financier d'*Intolerance* (1916) essuyé par Griffith fait perdre aux cinéastes leur suprématie. Désormais, c'est le producteur, soutenu par les milieux financiers de Wall Street, qui « dirige » le film. Le réalisateur n'est plus qu'un pion sur l'échiquier, déchu de ses prérogatives quant au choix des acteurs et du scénario. Il peut être renvoyé et remplacé par un autre réalisateur à tout moment. *Autant en emporte le vent* (1939) connaît quatre metteurs en scène successifs. Victor Fleming est le seul à rester en piste.

Les milieux financiers américains remarquent que la crise de 1929 n'a pas touché le cinéma, les films sont l'opium du peuple...

« Majors » et « Minors »

En 1935, huit compagnies se partagent le marché du cinéma aux États-Unis. Il y a les grandes, appelées les « Majors » : RKO, Metro Goldwyn Mayer, Paramount, Warner-Bros et Twenty-Century-Fox, et les « Minors » : Universal, Columbia et United Artists.

Ces compagnies possèdent leurs propres studios, techniciens et stars. La guerre est en permanence déclarée entre elles. Dès que l'une produit un film, l'autre riposte en présentant l'équivalent.

Les stars

Dès 1910 se développe le star-system. Outre le producteur, la star fait son apparition. Chaque studio possède son écurie de vedettes. Rudolf Valentino reçoit plus de 5 000 lettres par semaine. Adulé par les foules, son décès provoque des suicides. La star doit jouer hors des plateaux le rôle de sa vie écrit pour elle. On arrange alors son image. Mary Pickforfd, Douglas Fairbanks, Charlie Chaplin et le réalisateur Griffith créent les Artistes Associés, afin de reprendre le contrôle de leur art.

Le code Hays

William Hays, ancien ministre républicain, fonde une association pour pallier quelques affaires de mœurs, toxicomanie, etc., qui touchent les milieux du cinéma. Un code, qui porte son nom, destiné à sauvegarder la moralité du cinéma, impose sa loi entre 1930 et 1966. Drogue, alcool et sexe n'ont plus droit d'apparaître à l'écran. Les couples ne dorment que dans des lits séparés, les longs baisers sont interdits.

La chasse aux sorcières

Au début des années 50, le sénateur Mac Carthy, qui affiche un anticommunisme redoutable, va provoquer le départ de bon nombre de cinéastes dont Charlie Chaplin. Plus de 200 réalisateurs, acteurs et techniciens soupçonnés d'avoir des pensées anti-américaines, sont fichés sur la célèbre « liste noire ». C'est ce que l'on appelle la « chasse aux sorcières ».

Cette peur du communisme se retrouve présente dans les films de science-fiction. Martiens et soucoupes volantes envahissent l'écran et symbolisent cette peur rouge.

Création des Artistes Associés (17 avril 1917)

Au premier plan, de gauche à droite :
D.W. Griffith
M. Pickford
C. Chaplin
D. Fairbanks
Au second plan, leurs avoués.

Hollywood va transformer en profondeur le monde du cinéma. Les producteurs américains s'emparent de tous les pouvoirs à la tête des grandes compagnies. Cette industrie fabrique des stars, véritables idoles vivantes.

Western Fantastique Policier

Western, fantastique, policier comptent parmi les genres les mieux représentés au cinéma. Cette classification, sans doute hasardeuse, permet d'insister sur des traits culturels, sur les mœurs d'une société photographiée à un moment précisde son histoire. La frontière entre chacun de ces genres peut parfois sembler floue, certains films s'inspirant à la fois des uns et des autres.

Le Vol du rapide (1903)

Le western

Le Vol du rapide d'Edwin S. Porter est le premier western sorti en 1903. Une abondante littérature relatait dès 1860 les hauts faits des pionniers du Far West : Buffalo Bill et David Crockett. À l'écran, le western reprend ces mythes pour conter de façon épique la naissance de la nation américaine. On y retrouve toujours les mêmes accessoires (le lasso, le colt, le chapeau à bord large). La ville sert à planter un décor qui ne varie jamais : le saloon, la banque, le bureau du shérif et la rue principale. Le héros du western est soit un justicier solitaire, qui incarne la lutte entre le bien et le mal, soit un hors-la-loi. À partir des années 40, on insiste davantage sur la psychologie des personnages : *La Vallée de la peur* de Raoul Walsh (1947). En 1950 apparaît le premier film anti-raciste : *La Flèche brisée* de Delmer Daves. Progressivement, le « Blanc » devient le méchant. Dans les années 60, relayant le western classique en crise, émerge le western-spaghetti en Italie, où les héros sont crasseux, violents, sadiques, tel Henry Fonda dans *Il était une fois dans l'Ouest* (1968).

Le fantastique...

On définit le fantastique comme l'intrusion de l'étrange dans le réel. Vampires, démons et fantômes hantent les films fantastiques. Ainsi, Bela Lugosi triomphe-t-il dans les années 30 dans le *Dracula* de Tod Browning. Dans les années 70, des réalisateurs renouvellent le fantastique. Roman Polanski sort *Rosemary's Baby* en 1968, suivi en 1973 de *L'Exorciste* de William Friedkin. Le genre se nourrit désormais des angoisses psychologiques, des phénomènes de la folie, le cinéma gore (où le sang coule à flot) affectionnant les tueurs psychopathes !

LE MUET   LE PARLANT

... et la science-fiction

La science-fiction est une projection dans le futur de notre société. S'épanouissant grâce aux effets spéciaux, elle fait ses débuts en 1902 avec Méliès dans *Le Voyage dans la Lune*. Savants fous, extraterrestres et sociétés futuristes sont les éléments moteurs de la science-

La Fiancée de Frankenstein (1935)

fiction. Les auteurs expriment leurs inquiétudes en se projetant dans le futur : *Metropolis* (1926) de Fritz Lang, *Frankenstein* (1931) produit par Universal, *Docteur Jekyll et Mister Hyde* (1931) de Rouben Mamoulian. Au cours des années 50, dans le contexte de la guerre froide, apparaissent animaux monstrueux et extraterrestres, les Américains traduisant ainsi leurs propres hantises. En 1968, Stanley Kubrick réalise *2001 : l'Odyssée de l'espace,* film qui contient les grands thèmes de la science-fiction moderne : notre civilisation après l'apocalypse nucléaire, la menace technologique des robots, la rencontre avec d'autres formes de vie comme dans *E.T. ; l'extraterrestre* de Steven Spielberg (1982).

Le film policier

Il s'articule autour de trois personnages : le gangster, le détective privé, le policier. Le film policier met en scène la force publique. Le film noir, héritier de l'expressionnisme allemand, privilégie en revanche le gangster ou le détective. Humphrey Bogart incarnera à jamais le type même du détective, indépendant, cynique : Philip Marlowe dans *Le Grand Sommeil* (1946) ou Sam Spade dans *Le Faucon maltais* (1941). De tels films s'inscrivent avec force dans le contexte politique et social de l'époque à laquelle on les tourne. Hollywood produit ainsi des films de gangsters très à la mode à l'époque de la prohibition. Les années 30 montrent des caïds assoiffés de réussite sociale. Dans les années 40 à 50, les thèmes sont définitivement fixés : la femme fatale, la corruption, les magouilles politiques, le « flic » corrompu ou au contraire le « superflic », seul contre tous. En France, jusqu'aux années 60, les films de gangsters racontent des histoires de « casses », axées sur la psychologie des truands : *Touchez pas au grisbi* (1954) de Jacques Becker.

Le Grand Sommeil (1946)

> Le western raconte le mythe de la conquête de l'Ouest. Le fantastique côtoie le surnaturel, tandis que la science-fiction se projette dans le futur.

Animation
Comédie musicale

Mickey et Fred Astaire incarnent chacun des figures emblématiques de leur genre respectif : le cinéma d'animation et la comédie musicale. Cette dernière se définit par sa forme et non par son contenu, tandis que l'animation est en grande partie liée à l'empire Walt Disney.

Le dessin animé

Le dessin animé français

En France, les stars du dessin animé viennent de la bande dessinée : Tintin, Astérix ou Lucky Luke. En 1980, Paul Grimault, meilleur animateur français, sort *Le Roi et l'Oiseau*, long métrage conçu avec Jacques Prévert en 1947.

Ce genre repose sur l'art d'animer l'immobile. Émile Reynaud, bien avant Walt Disney, doit être considéré comme le père du dessin animé, grâce à son invention, le théâtre optique, présenté au musée Grévin de Paris dès 1892. En 1908, Émile Cohl élabore, avec son personnage *Fantoche*, le principe du dessin animé moderne : « un dessin pour une image », soit 16 images (aujourd'hui 24) pour obtenir une seconde de film. *Félix le Chat* passe dès 1917 pour le premier personnage célèbre de dessin animé.

Tex Avery

Tex Avery, créateur de Bugs Bunny, introduit un dessin animé burlesque basé sur un comique dévastateur. Il exagère les pulsions de ses personnages et s'amuse à renverser les valeurs ou l'ordre des choses : une souris qui persécute un lion par exemple ! Avery, Jones et Fritz de la Warner Bros créent d'autres stars, telles que Titi, Duffy Duck ou Speedy Gonzales. La MGM invente le couple Tom et Jerry qui passe entre les mains, entre 1955 et 1958, de William Hanna et Joseph Barbera.

Au-delà du dessin animé

L'Étrange Noël de Monsieur Jack (1993)

Le cinéma d'animation ne se résume pas seulement au dessin animé. Il existe plusieurs façon d'animer l'immobile. Len Lye, un Néo-Zélandais, peint directement sur la pellicule en 1935 pour *Color Box*. Il introduit deux procédés : peindre la pellicule vierge image par image ou travailler sur la pellicule une fois que l'on a supprimé la séparation entre les images. En matière de cinéma tout peut être animé, un objet : *Il était une chaise* (Mac Laren, 1957), de la pâte à modeler : *Wallace et Gromit* (Nick Park, 1994) ou encore des marionnettes : *L'Étrange Noël de Monsieur Jack* (Tim Burton et H. Selick, 1993).

L'empire Walt Disney

En 1928, doté d'un sens commercial doublé d'un génie créateur, Disney bâtit son empire à partir d'une souris malicieuse, Mickey, qui lui permet d'imposer le style en « O ». Ce style consiste à adoucir formes et arrondis en supprimant droites et angulaires. On obtient une vision idéalisée de la nature, dans un monde animal merveilleux. Chez Walt Disney, les faibles triomphent toujours des forts. Ses créatures sont civilisées comme les humains, comme par exemple Oncle Picsou, Donald (le canard) ou Goofy (le chien). En 1945, Stephen Bosustow, un dissident de l'école Disney, crée l'UPA. On y stylise les dessins, en réaction au style en « O ». Mister Magoo est l'un de leurs personnages le plus connu. En 1938 sort le premier long métrage de Disney : *Blanche-Neige et les sept nains*. Aujourd'hui, l'utilisation de nouvelles techniques, notamment de l'informatique, donne de superproductions telles que *Qui veut la peau de Roger Rabbit* ? (1988) de Bob Zemeckis, mélange d'animation et de réelles prises de vues, ou *Le Roi Lion* (1995) réalisé en partie sur ordinateur.

La comédie musicale

On appelle comédie musicale un film où la narration est interrompue ou prolongée par des numéros chantés ou dansés. En général, le film porte soit sur la création d'un show, soit sur une action qui se déroule dans un univers exotique ou à l'étranger, où l'on chante et danse naturellement. En 1929 sort la première comédie musicale, *Broadway Melody*. Fondé sur des scénarios naïfs et des chorégraphies rythmées, ce genre donne une image gaie, frivole et insouciante de l'Amérique. La comédie musicale connaît son âge d'or entre 1935 et 1955, incarné par les deux fameux tandems : Fred Astaire – Gingers Rogers ou Fred Astaire – Cyd Charisse. Sous la houlette d'Arthur Freed, producteur de la MGM, on simplifie les intrigues, et les héros, amoureux fous, dansent et chantent dans la rue : *Chantons sous la pluie* (1952) de Stanley Donen, la plus célèbre des comédies musicales, avec Gene Kelly.

Le genre disparaît au début des années 60, non sans remporter deux derniers succès : *West Side Story* (1961) de Robert Wise, *My Fair Lady* (1964) de George Cukor, suivis de superproductions telles que *Cabaret* (1972) de Bob Fosse avec Liza Minelli ou encore *The Blues Brothers* (1980) de John Landis.

Avec Jacques Demy et ses films chantés : *Les Parapluies de Cherbourg* (1964), *Peau d'âne* (1970), etc. la France fera une incursion rapide mais remarquable dans un genre typiquement américain.

Ginger Rogers
et **Fred Astaire :**
figures mythiques
de la comédie musicale
américaine

Aux quatre coins
de la planète,
le cinéma
d'animation et
la comédie
musicale
emportent les
spectateurs dans
leurs rêves
les plus fous.

Le cinéma sur fond de guerre

Pendant la Seconde Guerre mondiale, le cinéma offre du rêve aux spectateurs et soutient le moral des troupes. Dans le même temps, il contribue à la manipulation des foules et au renforcement du pouvoir charismatique des dictateurs. Le cinéma sert la folie meurtrière des chefs nazis et fascistes mais permet aussi aux créateurs de crier haut et fort les valeurs de la démocratie.

L'Italie

Le Duce est le dictateur qui utilise le plus les pouvoirs de l'image pour asseoir son autorité. Coupure, suppression d'une réplique jusqu'à l'interdiction de diffusion d'un film, il se sert aussi du cinéma pour affirmer son pouvoir. Il apparaît devant la caméra déguisé en paysan, en soldat, mineur ou ouvrier... et lorsqu'il redevient lui-même, un cadrage spécial vient le magnifier. Il impose une coupe Mussolini à la biennale de Venise de 1937, qui couronne *Scipion l'Africain* (1937) de Carmine Gallone.

Le cinéma nazi

Avec l'arrivée du nazisme, bon nombre de réalisateurs vont quitter l'Allemagne : Robert Siodmak, Robert Wiene, Fritz Lang. Gœbbels, ministre de l'Information et de la Propagande, fait du cinéma un instrument au service du national-socialisme.

Le Dictateur (1939)

Même les comédies les plus anodines véhiculent des idées antisémites, comme *La Ville dorée* (1942) de Veit Harlan. Des films ouvertement antisémites, tels *Le Péril juif* (1940) de Fritz Hippler coïncident avec l'obligation du port de l'étoile jaune et la déportation. La propagande passe par le documentaire avec Leni Riefenstahl, qui célèbre Hitler en filmant un congrès du parti nazi en 1934, sous le titre *Le Triomphe de la volonté*. Elle y accumule travellings et contre-plongées sur une foule en délire face à un tyran qui, grâce à des cadrages savants, apparaît comme un héros et un sauveur.

LE MUET   LE PARLANT

La guerre sous les feux d'Hollywood

Chaplin illustre la menace hitlérienne dans *Le Dictateur* (1939-1940), film qui demeure la plus féroce caricature du nazisme. On y voit un chef d'État, avide de pouvoir, voulant dominer le monde, en train de jongler avec une mappemonde. Un autre personnage, sosie du dictateur et juif, échappé d'un camp de concentration, fait l'éloge de la liberté et de la paix dans un discours mémorable.

Quant à Ernst Lubitsch, il joue avec le même thème du sosie dans *To Be or Not to Be* (1942) pour tourner les nazis en ridicule. Mais au-delà de la comédie, le cinéma américain aime le patriotisme, dont sont imprégnées ses productions.

Casablanca (1942) de Michael Curtiz, film d'action, de suspense, d'humour, de vedettes (Humphrey Bogart, Ingrid Bergman) reste la meilleure réalisation de propagnade antinazie tournée pendant la guerre.

À la fin des hostilités, les films américains arrivent en force en France : Citizen Kane qu'Orson Welles tourne en 1940 – il n'a que 25 ans ! – ne sortira à Paris que cinq ans plus tard.

**Jules Berry
en diable dans
Les Visiteurs du soir
(1942)**

Les années d'occupation en France

C'est l'une des périodes les plus riches du cinéma français. 220 longs métrages sont produits malgré la censure et les purges antisémites. Des jeunes cinéastes de talent apparaissent, palliant l'absence des grands exilés aux États-Unis, dont font partie Renoir et Clair.

Les Visiteurs du soir (1942) de Marcel Carné démarrent une série de films fantastiques et merveilleux, tel *L'Éternel retour* (1943) de Jean Delannoy, première grosse réalisation de l'occupation. Carné, entre 1943 et 1945, tourne son chef-d'œuvre *Les Enfants du paradis* (1945). Jean Grémillon réalise *Lumière d'été* (1942) et *Le ciel est à vous* (1943). *Le Corbeau* (1943) d'Henri-Georges Clouzot dépeint la société française à travers une sombre histoire de lettres anonymes.

Avec la paix retrouvée, le cinéma français encense la Résistance avec la sortie de *La Bataille du rail* (1945) de René Clément commencé avant la libération totale.

> Le cinéma, tombé entre les mains des dictatures italienne ou nazie, constitue un outil de propagande des plus efficaces. Dans la France occupée, il connaît malgré la censure une période florissante.

Le néo-réalisme italien

Au milieu d'un champ de ruines, au lendemain de la Libération, de jeunes critiques et cinéastes italiens lancent le néo-réalisme, afin de réagir contre le cinéma factice dicté par Mussolini. De 1945 à 1950, le néo-réalisme porte l'Italie et ses problèmes d'après-guerre sur les écrans. La caméra saisit les petites gens dans leur dure réalité. Elle descend dans la rue filmer la détresse piquée au vif par la seule force des faits réels et par le jeu de comédiens amateurs, acteurs de la vie quotidienne.

Les téléphones blancs

L'Italie fasciste encourage la production cinématographique, Mussolini fait construire dans la banlieue romaine les studios de Cinecittà inaugurés en 1937. Tous les films sont soumis à la censure, le cinéma rassure le public en offrant une vision édulcorée de l'Italie. On qualifie cette production de « cinéma des téléphones blancs », en raison de cet accessoire luxueux indissociable du décor.

Vers un cinéma de la réalité

La terre tremble (1948)

Pour Cesare Zavatini, qui fut l'un des théoriciens du mouvement néo-réaliste, le cinéma doit s'intéresser désormais à « ce qui a quelque odeur de réalité, l'actuel, le réel, l'homme dans son aventure de tous les jours ». En réaction contre un cinéma académique et sclérosé naît le néo-réalisme, baptisé ainsi par le critique Umberto Barbaro en 1943.

Par manque de moyens, les réalisateurs vont tourner dans la rue. Le décor est donc celui d'une Italie meurtrie au lendemain de la guerre, où tout n'est que ruines et désolation. En plus de cet éloignement, d'abord forcé, puis volontaire des studios, s'ajoute l'emploi de comédiens non professionnels. La chute de la dictature laisse toute liberté aux cinéastes pour filmer ce qu'ils désirent. Misère, chômage, petite délinquance, traumatisme causé par la guerre, le cinéma néo-réaliste, à l'esthétique particulière, s'inspire de faits réels. Trois noms se distinguent très vite : Luchino Visconti, Vittorio De Sica et Roberto Rossellini.

LE MUET   LE PARLANT

Le Voleur de bicyclette
(1948)

Luchino Visconti

C'est à Visconti que revient l'honneur de réaliser en 1942 le premier film néo-réaliste, *Ossessione.* Il tourne en 1948 *La Terre tremble,* dans lequel il adopte une démarche d'esthète. Ce film, tourné sur les lieux mêmes de l'action, dépeint la condition misérable des pêcheurs siciliens. Visconti est fasciné autant par la beauté du modeste village sicilien que par les luxueux palais qu'il filmera plus tard. Entre 1955 et 1958, Visconti se reconvertit dans la réalisation de grandes sagas, où il dresse des portraits de héros décadents, inspirés du néo-réalisme.

Vittorio De Sica

Vittorio De Sica, acteur passé à la mise en scène, sort *Le Voleur de bicyclette* en 1948, qui décrit la solitude de l'homme dans la société et analyse les conséquences d'une telle situation. De Sica livre une « approche sociale » de l'Italie. Il considère le cinéma comme le moyen d'extraire « la poésie de la vie même ». À la fin du néo-réalisme, il s'oriente vers des sujets plus traditionnels et revient à ses premières amours : la comédie.

Roberto Rossellini

Rome, ville ouverte (1945) et *Paisà* (1946) apparaissent comme les œuvres les plus marquantes et bouleversantes de ce courant, par leur actualité, leur authenticité, leur insertion dans une collectivité vraie. Rossellini montre à travers des images fortes une réalité crue, « une nature humaine prise sur le vif, ainsi qu'une certaine prise de conscience politique ». Selon lui, le cinéma doit « rendre compte du réel d'une façon concrète ».

L'héritage néo-réaliste

Ceux qui avaient fondé le néo-réalisme s'en éloignent. Des divergences apparaissent. Le mouvement s'éteint en 1952. En fait, il lègue au cinéma italien une aptitude à transcrire le contexte social et la vérité humaine des personnages. Federico Fellini, dans *La Strada* (1954), reste proche de ce néo-réalisme, avant de s'enfermer à Cinecittà pour ne faire que du studio.

> Au lendemain de la Seconde Guerre mondiale, le néo-réalisme surgit dans une Italie anéantie. Pour rompre avec le cinéma aseptisé de Mussolini, des cinéastes descendent dans la rue filmer la triste réalité et l'homme dans son quotidien.

France
États-Unis

Le cinéma français a traversé la Seconde Guerre mondiale et l'Occupation avec une grande vitalité. Face à un académisme de mise en scène, appelé la « qualité française », des cinéastes tels que Bresson et Becker annoncent déjà le tournant de la Nouvelle Vague. Aux États-Unis, le petit écran révolutionne la production. Le cinéma américain est en pleine effervescence.

Jacques Tati

Il réalise son premier film, *Jour de fête*, en 1949. Puis il interprètera lui-même son héros fétiche : Monsieur Hulot, personnage burlesque, éternel distrait et témoin de l'absurdité de ce monde dans *Les Vacances de M. Hulot* (1953).

Un cinéma vieillissant en France

Malgré quelques grandes vedettes, telles que Gérard Philippe et Michèle Morgan, le cinéma français des années 50 est vieillissant. C'est dans ce contexte qu'apparaît la tendance qualifiée de « qualité française ». Cette expression désigne, de façon péjorative, des films qui ne sont souvent que des adaptations littéraires dialoguées, dans une mise en scène sans ambition. On peut citer *Fanfan la tulipe* (1951) de Christian-Jaque, *La Symphonie pastorale* (1946) de Jean Delannoy ou encore *Le Rouge et le Noir* (1954) de Claude Autant-Lara. En dépit de son savoir-faire évident, de décors somptueux, d'un travail de la lumière sophistiqué, de dialogues cousus main, la « qualité française » s'enlise dans la routine.

Pourtant cinq cinéastes vont se démarquer de cette tendance : Jacques Tati, Robert Bresson, Max Ophüls, Jean Cocteau et Jacques Becker.

Robert Bresson

Il se distingue dès son troisième long métrage avec *Le Journal d'un curé de campagne* (1950). Dans ses films, Bresson s'attache au cadre, au découpage, aux bruits de l'action et aux gestes des personnages. Les dialogues sont peu nombreux, si bien qu'il travaille toujours avec des acteurs non professionnels qu'il fait répéter jusqu'à ce qu'ils retrouvent « les automatismes de la vie courante ».

Jean Cocteau

Homme de théâtre, écrivain, dessinateur et surtout poète, il considérait le cinéma comme un moyen d'expression de la modernité. Il y mêlait pourtant mythologie et souvenirs de jeunesse, jouant des décors et des trucages. Dans son plus célèbre film, *La Belle et la Bête* (1946), il met en scène une bête monstrueusement humaine que peu à peu le spectateur apprend à aimer comme va l'aimer la Belle.

LE MUET | LE PARLANT

La menace de la télévision

Avec l'apparition du petit écran, les salles se vident aux État-Unis. Et les recettes s'effondrent. Pour conserver son audience, Hollywood donne dans la surenchère, affiche un luxe et un éclat ostentatoires. La couleur se généralise et de nouveaux procédés techniques apparaissent. Le Cinémascope, procédé d'écran large, est inauguré en 1953 par la Fox avec un film biblique, *La Tunique* (1953) d'Henry Koster. Le son stéréophonique se répand et l'on tourne même des films en relief. Le star-system reprend vigueur : Marylin Monroe, Elizabeth Taylor, James Dean et Marlon Brando, symboles d'un nouvel idéal romantique, sont au sommet de leur carrière.

Le cinéma américain en effervescence

Cette période voit évoluer quatre générations de cinéastes, des vétérans du muet, John Ford ou Raoul Walsh, aux plus jeunes, Stanley Kubrick ou Robert Aldrich. La production cinématographique américaine, empreinte d'une grande diversité, bat son plein : plus de 3 000 films sont réalisés entre 1945 et 1965. Diversité des conditions de production, des générations de cinéastes et d'acteurs, ce qui influence le contenu même des films. On opère cependant une distinction entre cinéastes d'origine américaine et immigrés. On retiendra, pour caractériser cette époque, des réalisateurs tels que Billy Wilder avec *Boulevard du crépuscule* (1950), Vincente Minelli avec *Les Ensorcelés* (1952) et Joseph L. Mankiewicz avec *La Comtesse aux pieds nus* (1954). D'autres, comme John Huston, font carrière loin d'Hollywood. Dans cet univers en pleine effervescence s'impose Alfred Hitchcock, réalisateur anglais émigré à Hollywood depuis 1939. Il utilise ses théories sur le suspense pour réaliser ses meilleurs films : *Sueurs froides* (1958), *La Mort aux trousses* (1959), et *Psychose* (1960). Mais c'est *La Nuit du chasseur* (1955) de Charles Laughton qui incarne le mieux l'évolution d'Hollywood à cette époque. À la fois film noir, comédie satirique et film d'aventures, il s'inspire de tous les genres.

Jacques Becker

Figure importante des années 1950, il rompt avec le réalisme noir d'avant-guerre. Il décrit des communautés telles que le monde rural ou encore le Paris 1900 des faubourgs dans *Casque d'or* (1952), qui donne à Simone Signoret l'un de ses plus beaux rôles.

Le cinéma français des années 50 oscille entre académisme et modernité. Aux États-Unis, la menace de la télévision bouscule la production cinématographique.

La Nuit du chasseur (1955)

La Nouvelle Vague

Avec les années 50-60 et l'anticonformisme ambiant apparaît une nouvelle génération de cinéastes : elle souhaite redéfinir les règles quasi académiques existant jusque-là.

Les pionniers

Entre 1945 et 1957 quelques réalisateurs s'écartent du schéma de la « qualité française » et considèrent le cinéma comme un art et un langage et non plus seulement comme un spectacle, voire un métier. Ces auteurs, parrains de la Nouvelle Vague sont : Jean-Pierre Melville (*Le Silence de la mer*, 1947), Roger Leenhardt (*Les Dernières Vacances*, 1947), Alexandre Astruc (*Les Mauvaises Rencontres*, 1955), Agnès Varda (*La Pointe courte*, 1956), Roger Vadim (*Et Dieu créa la femme*, 1957) et Louis Malle (*Ascenseur pour l'échafaud*, 1957).

L'étiquette Nouvelle Vague

C'est Françoise Giroud, dans un article de *L'Express* en 1958, qui lance l'étiquette « Nouvelle Vague » désignant un groupe de jeunes cinéastes français en marge des circuits habituels de production. Ces derniers, sans réelle qualification professionnelle, plus cinéphiles que cinéastes, secouent la poussière du cinéma français, ouvrant une voie non explorée jusqu'alors. Des dialogues provocants, un art du montage audacieux et une certaine désinvolture technique caractérisent cette Nouvelle Vague.

Jean-Luc Godard et Jean Renoir

Une technique plus souple

De nouvelles techniques cinématographiques apparaissent : la Cameflex (caméra portative et légère) et le Nagra (magnétophone qui évite les lourds camions de son). Elles font du cinéma le moyen privilégié permettant aux réalisateurs de fuir les studios et de dépeindre au plus juste les comportements affectifs et sociaux de leurs contemporains respectifs.

LE MUET | LE PARLANT

Jean-Pierre Léaud
dans *Les Quatre
Cents Coups* (1959)

De l'écrit à l'écran

Parmi ces jeunes cinéastes, le noyau le plus actif
vient de la critique, notamment de l'hebdomadaire
Arts et des *Cahiers du cinéma* . D'abord cinéphiles,
ces critiques acerbes incendient la « qualité française » et défendent la « politique des auteurs », clamant tout haut que seul le
cinéaste est l'auteur de ses films. Vigo, Renoir, Guitry, Cocteau,
Hitchcock, Welles sont quelques-uns de leurs modèles. Décidés à
toutes les audaces techniques, ils vont filmer leurs préoccupations
quotidiennes.

Chabrol, Truffaut et Godard

À bout de souffle
(1959)

Grâce à un héritage, Chabrol tourne un long métrage, *Le Beau Serge*
(1958), film qui marque le début « officiel » de la Nouvelle Vague. Il
entame une œuvre prolixe et inégale, allant de la satire sociale à l'adaptation littéraire, et deviendra le spécialiste de la chronique acide de la
bourgeoisie.

François Truffaut passe lui aussi pour l'un des chefs de file de cette nouvelle génération de cinéastes. La peinture réaliste de l'adolescent tourmenté des *Quatre Cents Coups* (1959) est le premier volet d'une série de
films quasi autobiographiques. Le ton très personnel de Truffaut parcourt une œuvre aux nombreuses facettes. Godard passe de la critique à
la mise en scène avec un pastiche du polar américain : *À bout de souffle*
(1959). Ce film, novateur par le ton et la forme, réinvente une nouvelle
syntaxe cinématographique. Godard n'aura de cesse, tout au long de sa
carrière, d'expérimenter l'outil cinéma et vidéo.

Un sang nouveau

D'autres cinéastes, tels Éric Rohmer (*Le Signe du Lion*, 1959) ou
Jacques Rivette (*Paris nous appartient*, 1958), deviennent eux aussi les
réalisateurs phares de cette génération contestataire, éprise de liberté.
Brigitte Bardot (*Vie privée*, Louis Malle, 1962), Jean-Pierre Léaud (*Le
Père Noël a les yeux bleus*, Jean Eustache, 1966), Jean-Claude Brialy
(*Les Cousins*, 1958) ou Jean-Paul Belmondo (*Pierrot le fou*, Jean-Luc
Godard, 1965) vont mettre au service du 7ᵉ Art toute leur spontanéité
et leur inexpérience d'acteurs-nés. Ce que d'aucuns ont pu qualifier de
« morne conformisme des années 50 » n'est plus, et de rares cinéastes
rescapés de ces années terribles tentent de continuer leur bonhomme
de chemin, tel Jean Delannoy avec *La Princesse de Clèves* (1961).

Un groupe
de jeunes cinéastes
et cinéphiles
français, audacieux
et provocateurs,
explore
une nouvelle
manière de faire
du cinéma :
il lance la
Nouvelle Vague,
en réaction contre
la « qualité
française ».

Les années 60-70

Dans un monde en pleine mutation, le public réclame des films engagés, teintés d'une réflexion sociale ou politique. Les guerres du Vietnam ou d'Algérie, les mouvements étudiants de 1968 insufflent une nouvelle inspiration à ce cinéma d'auteur. Hollywood réagit avec des superproductions musicales mettant en scène des voyous romantiques.

Un cinéma engagé en Europe...

La démarche cinématographique de la Nouvelle Vague ne s'arrête pas à nos frontières. Le cinéma se veut délibérément engagé et participe à la métamorphose de la société. La notion de cinéma d'auteur se développe. Ciné-clubs et cinémathèques affichent complet.

En Italie, de Dino Risi (*L'Homme aux cent visages*, 1959) à Francesco Rosi (*Salvatore Giuliano*, 1961) en passant par Pier Paolo Pasolini (*Accatone*, 1961), tous participent à la critique acerbe et sans concession de la société, tandis que Luchino Visconti dans *Le Guépard* (1962) décrit à merveille la grandeur et la décadence de l'aristocratie italienne du siècle passé.

En Allemagne, Volker Schlöndorff (*Les Désarrois de l'élève Törless*, 1966), Werner Herzog (*Signes de vie*, 1972) ou Rainer Werner Fassbinder (*Le Marchand des 4 saisons*, 1971) partent à contre-courant du cinéma traditionnel allemand, dont l'archétype est constitué par les séries Sissi.

En Angleterre, le « Free Cinema » bouleverse le célèbre puritanisme anglo-saxon avec Tony Richardson (*La Solitude du coureur de fond*, 1962) ou Karel Reisz (*Samedi soir et Dimanche matin*, 1960).

Le cinéma suisse n'est pas en reste et, loin des images d'Épinal représentant les paysages alpestres enneigés, Alain Tanner (*Charles mort ou vif*, 1969) ou Michel Soutter (*Les Arpenteurs*, 1972) proposent de découvrir une vision moins épurée et plus réaliste de la société dans laquelle ils vivent. À l'Est apparaissent de futurs grands noms du cinéma international, tels qu'Andrzej Wajda, Roman Polanski ou Milos Forman.

En France, où la télévision représente aussi une menace, on rit avec le cinéma populaire de Gérard Oury qui réunit le tandem de Funès – Bourvil.

⌐ ... et outre-Atlantique

Le cinéma direct permet aux Québécois d'affirmer leur spécificité par rapport à leurs voisins nord-américains (*Pour la suite du Monde*, 1963, Michel Brault et Pierre Perrault). Aux États-Unis, en rupture avec le star-system hollywoodien, Andy Warhol pousse la provocation à son paroxysme : il applique au cinéma les théories du Pop Art, en rejetant les traditions artistiques « classiques » et un certain bon goût.

Dans les pays d'Amérique latine, le cinéma témoigne de l'engouement provoqué dans les milieux intellectuels de gauche par l'avènement de Fidel Castro à Cuba (documentaires réalisés par Agnès Varda, Joris Ivens...). Face au succès de la télévision et à l'apparition de producteurs indépendants, Hollywood se lance dans la superproduction de films d'aventures : James Bond fait des débuts sous les traits de Sean Connery dans *James Bond 007 contre docteur No* (1962).

⌐ De l'utopie à la décadence ?

Troubles étudiants, conflits militaires, scandales politico-médiatiques, rêves communautaires, féminisme et libéralisation des mœurs, le monde est soumis à rude épreuve. Le cinéma des années 70, disparate et foisonnant, est une fois de plus le miroir privilégié de son temps. Les spectateurs voyagent entre épopées et gens ordinaires dans de grands cinémas découpés en multi-salles. Ils s'identifient aux personnages de Claude Sautet (*Les Choses de la vie*, 1969, *César et Rosalie*, 1970), Bertrand Blier (*Les Valseuses*, 1974), Ettore Scola (*Une journée particulière*, 1976), Woody Allen (*Manhattan*, 1978), tandis qu'ils rêvent de devenir, le temps d'un film, héros de *Rocky* (Sylvester Stallone, 1976), *La Guerre des étoiles* (Georges Lucas, 1977). Andrzej Wajda dénonce la perversité du régime soviétique (*L'Homme de marbre*, 1976). Marco Ferreri (*La Grande Bouffe*, 1973) et Bernardo Bertolucci (*Le Dernier Tango à Paris*, 1972) offrent leur vision désabusée de l'amour et de la vie à un public pas toujours prêt à recevoir les messages parfois visionnaires des cinéastes !

Les années 70, c'est aussi la fin d'un tabou avec l'érotisme d'*Emmanuelle* (1974) de Just Jaeckin, succès du box-office, et l'apparition des films X pornographiques. C'est aussi l'arrivée en Occident du cinéma Kung Fu, tout droit venu de Hong Kong.

De la révolution cinématographique de la Nouvelle Vague, correspondant à l'effervescence sociale des années 60, au cinéma des illusions perdues de la fin des années 70, s'affirment deux décennies cinématographiques.

Manhattan de Woody Allen (1978)

Les années 80-90

À l'aube des années 80, le monde n'en finit pas de bouger. C'est l'avènement du socialisme en France, de la politique ultra-libérale de Ronald Reagan aux États-Unis et de Margaret Thatcher en Angleterre. La chute du Mur de Berlin, en 1989, fait renaître l'espoir. Le cinéma de ces années-là se cherche : il oscille entre films d'action et films d'images, littérature et science-fiction.

Des succès critiques aux succès populaires

François Truffaut, avec *Le Dernier Métro* (1980), marque à nouveau de son empreinte le début d'une décennie. D'abord accueilli fraîchement par la critique, le film obtient dix Césars et un immense succès auprès du public. À l'inverse, ce dernier boudera *Une chambre en ville* (Jacques Demy, 1982), film encensé par la presse cinéphile. De plus en plus, le fossé entre opinion publique et critiques cinématographiques se creuse. Certains noms vont être synonymes de succès populaires : Jean-Marie Poiré (*Le Père Noël est une ordure*, 1982), Jean-Jacques Annaud (*La Guerre du feu*, 1981, *L'Ours*, 1988), Catherine Deneuve (*Le Lieu du crime,* 1986), Isabelle Adjani, (*L'Été meurtrier,* 1983), séduisent les foules, sans parvenir à éclipser les héros américains de Steven Spielberg (*Les Aventuriers de l'Arche perdue,* 1981) ou encore *Rambo* (Ted Kotcheff, 1982).

Le phénomène « Génération »

Peu à peu, l'Intelligentsia semble s'étonner de l'engouement des jeunes et des moins jeunes pour certains films. Ainsi en est-il de *37,2° le matin* (Jean-Jacques Beineix, 1986) et, dans un autre style, de *Trois Hommes et un couffin* (Coline Serreau, 1985) ou de *La vie est un long fleuve tranquille* (Étienne Chatillez, 1987). L'identification du public à ces anti-héros, Betty Blue ou autres Groseille et Le Quesnoy, se généralise et atteint son apogée, en 1988, avec *Le Grand Bleu* (Luc Besson). Des bribes de dialogues se transforment en mots de passe entre initiés. Les « lundi, c'est ravioli » de Chatillez tendent à devenir aussi célèbres que les « atmosphère, atmosphère » lancés par Arletty, dans les années 50, dans *Hôtel du Nord* (Marcel Carné, 1938). Le phénomène semble toujours présent dans les années 90 avec *Le Cercle des poètes disparus* (Peter Weir, 1990), qui remet au goût du jour les citations du poète latin Horace : « carpe diem ». Enfin, *Les Nuits fauves* (1991), véritable film-testament de son réalisateur, Cyril Collard, symbolisent les douloureuses années SIDA.

Le Cercle des poètes disparus (1990)

LE MUET | LE PARLANT

LE GRAND BLEU

Petit écran – grand écran

Au début des années 80, la télévision est considérée comme le concurrent direct du cinéma. Pourtant, peu à peu, la nécessité d'une cohabitation paisible entre ces deux frères ennemis se fait jour. Les chaînes de télévision vont collaborer de plus en plus au financement des films. Claude Berri use de ce stratagème pour réaliser successivement *Jean de Florette* et *Manon des sources* en 1987 (coproduits par Antenne 2), puis *Germinal* en 1994 (coproduction : Canal Plus). Le phénomène se généralise à la fin des années 80, où acteurs et réalisateurs apprennent à composer avec les différentes formes d'écran. Et de la participation à l'élaboration de films publicitaires, où Luc Besson a fait notamment ses premières armes, en passant par la réalisation de « clips » ou de téléfilms, le monde cinématographique amorce un tournant significatif.

Le cinéma, faiseur de rêves ou témoin de la triste réalité ?

Qu'il soit instigateur des contes de fées modernes (*Pretty woman,* Gary Marshall, 1990) ou simple témoin d'un mal de vivre latent, tour à tour cynique (*Proposition indécente,* Adrian Lyne, 1992), comique (*Les Visiteurs,* Jean-Marie Poiré, 1993), lyrique ou romanesque (*Indochine,* Régis Wargnier, 1992), (*Cyrano de Bergerac,* Jean-Paul Rappeneau, 1990), provocateur (*Gazon maudit,* Josiane Balasko, 1995), violent (*Léon,* Luc Besson, 1994), le cinéma des années 90, quelque deux cent mille films après *L'Arrivée du train en gare de La Ciotat* des frères Lumière, demeure le moyen d'expression privilégié des états d'âmes de ses contemporains.

Christian Clavier dans *Les Visiteurs* (1993)

Alors que l'heure est au matérialisme et au repli sur soi, le cinéma des années 80-90 entre de plain-pied dans l'univers quotidien des gens, et la Génération Grand Bleu a du mal à oublier les années Sida.

Le cinéma de demain

L'informatique et toutes les techniques qu'elle engendre déterminent l'évolution future du 7° Art. Bouleversement dans la création, mais aussi dans la fabrication même d'un film, nouvelles perspectives économiques, telles sont les données du cinéma de demain.

L'avènement des images de synthèse

Dès le début du XX° siècle, le cinéma avec Georges Méliès devient un art où l'illusion l'emporte souvent sur la reproduction du réel. L'arrivée des ordinateurs va changer ce monde cinématographique. L'outil informatique, avec les effets spéciaux, les images de synthèse et le champ du virtuel se lance à l'assaut du cinéma. C'est toute la fabrication d'un film, de sa conception à sa distribution, qui est bouleversée. Dès la fin des années 60, les laboratoires de l'Université de l'Utah, à Salt Lake City, effectuent des recherches avancées en matière de synthèse d'images. En 1968, Stanley Kubrick fait figure de précurseur en tournant *2001 : l'Odyssée de l'espace* avec des caméras manipulées automatiquement. Plus tard, Georges Lucas utilise pour *La Guerre des étoiles* (1977) des caméras à commande numérique. En 1983, les studios de Walt Disney produisent *Tron*, le premier film entièrement réalisé en animation graphique, tandis que Steven Spielberg pour *Jurassic Park* (1993) fait appel aux images de synthèse, permettant d'obtenir des gros plans criants de vérité.

Vers l'interactivité

La frontière entre les différents supports utilisant l'image devient de plus en plus floue : du jeu vidéo au film cinématographique, il n'y a qu'un pas vite franchi. *Le Roi Lion* (Walt Disney, 1995) a tôt fait d'apparaître sur les écrans des ordinateurs, tandis que les protagonistes des jeux vidéo à succès se métamorphosent en héros de cinéma : *Super Mario Bros* (Rocky Morton, 1993). L'interactivité est à la mode et l'image virtuelle fait une entrée en force. On se prend à rêver de scénarios prêts à consommer, adaptés aux envies respectives du spectateur. Ce dernier, totalement libre, peut s'incarner dans l'un des personnages, dialoguer avec les autres protagonistes. Il peut intervenir sur le déroulement de l'action et sur son dénouement. Bref il n'est plus spectateur, mais acteur à part entière.

L'infographie

L'infographie apparaît elle aussi comme une nouvelle technique prépondérante dans le cinéma de demain : elle permet d'intégrer, par exemple, une image de synthèse dans un décor réel, obtenu par une prise de vues réelle.

Autre exemple des nombreuses possibilités qui s'offrent au cinéma du futur, le morphing : cette technique, application directe de l'informatique, permet de réaliser une interpolation d'images, c'est-à-dire une insertion progressive d'images différentes, et de transformer par exemple un visage humain en tête d'animal ! Dans *La mort vous va si bien* (Robert Zemeckis, 1992), le corps de Meryl Streep devient élastique. Pour les cinéastes, c'est peut-être là une occasion de retrouver un champ d'exploration ou une liberté de création, souvent brimée par les montants des devis et coûts de production.

Photo de fond : une salle de cinéma en relief avec écran géant du Futuroscope de Poitiers

Nouvelles perspectives économiques

Les compagnies de production veulent à tout prix prendre le train en marche et ne pas louper ce grand virage de l'an 2000 si proche. Ainsi les grands studios d'Hollywood financent-ils des structures spécialisées dans la création de nouvelles images. Caméras aux mouvements programmés, montage virtuel d'un film (image traitée par ordinateur), correction d'un décor grâce à l'informatique, images numériques pouvant être copiées à l'infini sans perte de qualité, l'industrie cinématographique entre résolument dans une ère nouvelle, avec des salles de cinéma équipées de systèmes de téléprojection haute définition et d'écrans numériques.

L'investissement de puissants groupes tels que Sony, propriétaire de Columbia, est à la hauteur des enjeux économiques et financiers. Quant au marché américain des jeux vidéo, il génère plus de profits que celui du cinéma en salles. Les nouveaux parcs de jeux virtuels remportent actuellement un énorme succès aux États-Unis et au Japon.

Et dans des parcs d'attraction, tel le Futuroscope de Poitiers, le cinéma de demain est déjà là. Le visiteur, d'une salle à l'autre, revit les mêmes sensations que les premiers spectateurs du Cinématographe des frères Lumière affolés à l'idée que le train ne traverse l'écran. Le cinéma est et restera toujours magique.

> Formidable champ d'exploration technique et artistique, l'outil informatique est en train de bouleverser le cinéma de demain.

MODERNE APPROFONDIR

Quelques dates à retenir...

1895 Cinématographe Lumière. Première projection publique et payante le 28 décembre.

1896 Entrée de Georges Méliès qui réalisera plusieurs centaines de films dont *Le Voyage dans la Lune.*

1907 Débuts du « Film d'Art » avec *L'Assassinat du duc de Guise.*

1910 Charles Pathé et Léon Gaumont installent leur empire et font du cinéma une industrie.

1912 *Quo Vadis* de l'Italien Enrico Guazzoni lance la mode du péplum.

1913 *Fantômas,* film à épisodes de Louis Feuillade.

1914 Les États-Unis gagnent le marché mondial.

1916 Sortie d'*Intolerance* de Griffith.

1919 Début de l'expressionnisme allemand avec *Le Cabinet du docteur Caligari.*

1922 Cecil B. De Mille tourne sa première adaptation biblique, *Les Dix Commandements.*

1924 Affermissement du cinéma soviétique avec Eisenstein. Aux États-Unis, *Les Rapaces* de Stroheim, *Le Voleur de Bagdad* de Raoul Walsh.

1927 *Le Chanteur de jazz,* premier film sonore, parlant et musical. *L'Aurore* de Murnau, *Napoléon* d'Abel Gance et *Metropolis* de Fritz Lang.

1928 *La Passion de Jeanne d'Arc* du Danois Dreyer, et débuts de Mickey.

1929 Création des Academy Awards (Les Oscars) décernés pour la première fois (pour les années 1927 et 1928).

De 1929 à 1940 (et au-delà) suprématie du cinéma américain (Chaplin, Vidor, Lubitsch, Ford, et la suite.).

1930 Le cinéma sonore s'impose. *Sous les toits de Paris* de René Clair, *L'Ange bleu* de Sternberg. Certains films restent muets, comme *La Terre* du soviétique Dovjenko.

1931 *M. le maudit,* premier film parlant de Fritz Lang.

1932 Mise au point de la caméra technicolor.

1935 Chaplin tourne *Les Temps modernes* et, à 7 ans, Shirley Temple, l'enfant prodige d'Hollywood, obtient un oscar pour l'ensemble de sa carrière !

1936 Création de la Cinémathèque française par Henri Langlois.

1939 Sortie d'*Autant en emporte le vent* de Victor Fleming et de *La Chevauchée fantastique* de John Ford. En France sort *La Règle du jeu* de Jean Renoir.

1940 *Citizen Kane* d'Orson Welles assure les fondements d'un cinéma moderne.

1942 *Ossessione* de Visconti annonce le néo-réalisme italien qui s'affirme dès la fin de la guerre.

1945 *Les Enfants du paradis* de Marcel Carné.

1946 Premier festival de Cannes et sortie de *Zéro de conduite* après 16 années d'interdiction.

1948 *Le Voleur de bicyclette* de Vittorio De Sica.

1950 *Rashomon* de Kurosawa (Japon). *Los Olvidados* de Luis Buñuel (Mexique).

1951 Création de la revue *Les Cahiers du cinéma*.

1953 Avec *La Tunique* d'Henry Koster, la 20th Century Fox lance le Cinémascope pour lutter contre la concurrence de la télévision.

1954 *La Strada* de Fellini et *Johny Guitare* de Nicholas Ray.

1955 Mort de James Dean.

1956 *Et Dieu créa la femme* : début du mythe Brigitte Bardot.

1957 Aux États-Unis, *Les Sentiers de la gloire* de S. Kubrick, en Suède *Les Fraises sauvages* de I. Bergman et en Russie *Quand passent les cigognes* de M. Kalatozov.

1959 La Nouvelle Vague s'impose avec Godard, Truffaut, Chabrol et Rivette.

1960 *L'Avventura* d'Antonioni, *Psychose* d'Hitchcock.

1961 *Chronique d'un été* de Jean Rouch et Edgard Morin, l'un des premiers films du courant documentaire « cinéma vérité ».

1962 Mort de Marilyn Monroe.

1965 *Pierrot le fou* de J.-L. Godard, *Juliette des esprits* de F. Fellini et *Répulsion* de Roman Polanski.

1966 *Un homme et une femme* de C. Lelouch.

1970 *Le Dernier Tango à Paris* de B. Bertolucci et *Trash* d'Andy Warhol. De nouveaux cinéastes s'aventurent hors des sentiers battus et filment l'histoire de personnages, soit ordinaires soit marginaux, criants de vérité : John Cassavetes, Woody Allen, Martin Scorsese.

1971 *Orange mécanique* de S. Kubrick.

1972 *Le Charme discret de la bourgeoisie* de L. Buñuel.

1973 *Le Parrain* de Francis Ford Coppola.

1976 *Taxi Driver* de Martin Scorsese.

1977 *La Guerre des étoiles* de Georges Lucas, *Carrie au bal du diable* de Brian de Palma et *Providence* d'Alain Resnais.

1979 *Le Tambour* de V. Schlöndorff et *Apocalypse Now* de F.F. Coppola remportent la Palme d'or au festival de Cannes.

1982 En France : loi Lang (aides au cinéma).

1983 *À nos amours* de Maurice Pialat, *L'Argent* de Robert Bresson et *Vivement dimanche* !, dernier film de François Truffaut.

1987 *Out of Africa* de Sydney Pollack reçoit la Palme d'or au festival de Cannes et *Au revoir les enfants* de Louis Malle le Lion d'or à celui de Venise.

1990 *Le Décalogue* de K. Kieslowski.

1993 L'ordinateur et les images de synthèse s'emparent du cinéma avec *Jurassic Park*.

Les films clés du cinéma disponibles en vidéo

Difficile d'ignorer les grands classiques du 7ᵉ Art puisqu'ils sont maintenant à la portée de tous les magnétoscopes. Cette révolution fait partie intégrante de l'évolution même du cinéma. Bien sûr le petit écran ne restitue pas la magie ni le confort des salles obscures, mais il permet d'aborder le cinéma d'hier et d'aujourd'hui très facilement.

La Sortie des usines
(Louis Lumière, Fr., 1895)
Éditions Montparnasse
(Coffret spécial Lumière)
Les Vampires
(Louis Feuillade, Fr., 1915)
Gaumont Vidéo
Naissance d'une nation
(David Wark Griffith, É.-U., 1914)
Les Films de ma vie
Metropolis
(Fritz Lang, All., 1926)
Warner Home Vidéo
Octobre
(S.M. Eisenstein, URSS, 1927)
Les Films de ma vie
Loulou
(Georg Wilhelm Pabst, All., 1929)
René Chateau Vidéo
L'Homme à la caméra
(Dziga Vertov, URSS, 1929)
La Sept Vidéo
L'Ange bleu
(Joseph von Sternberg, All., 1930)
René Chateau Vidéo
L'Âge d'or
(Luis Buñuel, Fr., 1930)
René Chateau Vidéo
Les Lumières de la ville
(Charlie Chaplin, É.-U., 1931)
Les Films de ma vie
M. le Maudit
(Fritz Lang, All., 1932)
René Chateau Vidéo
King Kong
(Ernest B. Schœdsack et Merian C. Cooper, É.-U., 1933)

Éditions Montparnasse/Warner Home Vidéo
New York – Miami
(Frank Capra, É.-U., 1934)
Gaumont/Columbia/Tri-Star Home Vidéo
Angèle
(Marcel Pagnol, Fr., 1934)
C.M.F.
L'Atalante
(Jean Vigo, Fr., 1934)
René Chateau Vidéo
La Belle Équipe
(Julien Duvivier, Fr., 1936)
René Chateau Vidéo
La Grande Illusion
(Jean Renoir, Fr., 1936)
UGC Vidéo/Film Office
Le Roman d'un tricheur
(Sacha Guitry, Fr., 1936)
Canal Plus Vidéo
Drôle de drame
(Marcel Carné, Fr., 1937)
Ciné Horizon/Panda Films
Autant en emporte le vent
(Victor Fleming, É.-U., 1939)
MGM/UA/Warner Home Vidéo
Le Magicien d'Oz
(Victor Fleming, É.-U., 1939)
MGM/UA/Warner Home Vidéo
Le Faucon maltais
(John Huston, É.-U., 1942)
MGM/UA/Warner Home Vidéo
Les Enfants du paradis
(Marcel Carné, Fr., 1945)
Éditions Montparnasse/Warner Home Vidéo

Casablanca
(Michael Curtiz, É.-U., 1942)
Warner Home Vidéo
Citizen Kane
(Orson Welles, É.-U., 1940)
Gaumont/Columbia/Tri-Star Home Vidéo
Le Grand Sommeil
(Howard Hawks, É.-U., 1946)
Warner Home Vidéo
Rome, ville ouverte
(Roberto Rossellini, Italie, 1945)
GCR
La Belle et la Bête
(Jean Cocteau, Fr., 1946)
René Chateau Vidéo
Un tramway nommé désir
(Elia Kazan, É.-U., 1951)
Warner Home Vidéo
Le Plaisir
(Max Ophüls, 1951)
Canal Plus Vidéo
Chantons sous la pluie
(Stanley Donen et Gene Kelly, É.-U., 1952)
MGM/UA/Warner Home Vidéo
Les Vacances de M. Hulot
(Jacques Tati, Fr., 1953)
Les Films de ma vie
Les Contes de la lune vague après la pluie
(Kenji Mizoguchi, Japon, 1953)
Les Films de ma vie
La Strada
(Federico Fellini, Italie, 1954)
Les Films de ma vie
Fenêtre sur cour
(Alfred Hitchcock, É.-U., 1954)
Universal/CIC Vidéo

LE MUET | LE PARLAN

Les Sept Samouraïs
(Akira Kurosawa, Japon, 1954)
Les Films de ma vie
La Comtesse aux pieds nus
(Joseph Mankiewicz, É.-U., 1954)
MGM/UA/Warner Home Vidéo
La Prisonnière du désert
(John Ford, É.-U., 1956)
Warner Home Vidéo
La Nuit du chasseur
(Charles Laughton, É.-U., 1956)
MGM/UA/Warner Home Vidéo
La Fureur de vivre
(Nicholas Ray, É.-U., 1955)
Warner Home Vidéo
Le Septième Sceau
(Ingmar Bergman, Suède, 1958)
Les Films de ma vie
Le Salon de musique
(Satyajit Ray, Inde, 1958)
Les Films de ma vie
Les Quatre Cents Coups
(François Truffaut, Fr., 1959)
Les Films de ma vie
À bout de souffle
(Jean-Luc Godard, Fr., 1959)
UGC Vidéo/Film Office
Les Désaxés
(John Hutson, É.-U., 1961)
Warner Home Vidéo
West Side Story
(Robert Wise et Jerome Robbins,
É. U., 1961)
Warner Home Vidéo
Le Guépard
(Luchino Visconti, Italie, 1963)
Les Films de ma vie
Gertrud
(Carl Theodor Dreyer, Danemark,
1964)
K Films Vidéo
Les Demoiselles de Rochefort
(Jacques Demy, Fr., 1967)
Les Films de ma vie
Le Bal des vampires
(Roman Polanski, G.-B. 1967)

Warner Home Vidéo
Blow Up
(Michelangelo Antonioni, G.-B., 1967)
MGM/UA/Warner Home Vidéo
2001 : l'Odyssée de l'espace
(Stanley Kubrick, G.B., 1968)
MGM/UA/Warner Home Vidéo
Il était une fois dans l'Ouest
(Sergio Leone, Italie, 1969)
Paramount/CIC Vidéo
Théorème
(Pier Paolo Pasolini, Italie, 1968)
Les Films de ma vie
Le Parrain
(Francis Ford Coppola, É.-U., 1972)
Paramount/CIC Vidéo
Vol au-dessus d'un nid de coucou
(Milos Forman, É.-U., 1975)
Warner Home Vidéo
L'important c'est d'aimer
(Andrzej Zulawski, Fr., Italie, All.,
1975)
RCV/Gaumont Columbia – Tri-Star
Home Vidéo
Les Dents de la mer
(Steven Spielberg, É.-U., 1975)
Universal/CIC
Taxi Driver
(Martin Scorsese, É.-U., 1976)
Gaumont/Columbia/Tri-Star Home
Vidéo
Opening Night
(John Cassavetes, É.-U., 1978)
Les Films de ma vie
Les Bronzés
(Patrice Leconte, Fr., 1978)
UGC Vidéo/Film Office
Manhattan
(Woody Allen, É.-U., 1979)
Warner Home Vidéo
À nos amours
(Maurice Pialat, Fr., 1983)
GCR
Paris Texas
(Wim Wenders, All., Fr., 1984)
La Sept Vidéo

La Rose pourpre du Caire
(Woody Allen, É.-U., 1985)
Gaumont/Columbia/Tri-Star Home
Vidéo
37,2° le matin
(Jean-Jacques Beineix, Fr., 1986)
Fox Vidéo/PFC Vidéo
Le Sacrifice
(Andreï Tarkovski, Suède, Fr., 1986)
Les Films de ma vie
Le Nom de la rose
(Jean-Jacques Annaud, Fr., All., Italie,
1986)
TF1 Vidéo
Le Grand Bleu
(Luc Besson, Fr., 1988)
Fox Vidéo/ PFC Vidéo
Talons aiguilles
(Pedro Almodovar, Espagne, Fr.,
1991)
TF1 Vidéo
La Double Vie de Véronique
(Krzysztof Kieslowski, Fr., Pologne,
1991)
Le studio Canal Plus/PFC Vidéo
Les Nuits fauves
(Cyril Collard, Fr., 1992)
Polygram Vidéo
L'Amant
(Jean-Jacques Annaud, Fr., 1992)
TF1 Vidéo
La Liste de Schindler
(Steven Spielberg, É.-U., 1993)
CIC Vidéo
Les Roseaux sauvages
(André Téchiné, Fr., 1994)
PFC Vidéo
En consultant le 3615 Électre (sommaire
vidéo), le lecteur sera tenu au courant des sor-
ties vidéo et saura si les titres mentionnés sont
toujours disponibles chez le même éditeur.
Les éditions Atlas ont publié trois collections
« Les génies du cinéma », « Les génies
d'Hollywood » et « Hitchcock, la collection »,
fascicules et vidéocassettes à un prix abor-
dable et vendus en librairie ou chez l'éditeur.

Bibliographie – Documentation

LIVRES

BEYLIE (Claude)
Les films clés du cinéma
Bordas, 1987.
Les films qui ont fait l'histoire du cinéma de 1895 à nos jours, sous la forme d'un guide encyclopédique, écrit par l'un de nos meilleurs spécialistes. Par film, sous la forme d'un mini-dossier, sont présentés le scénario, le générique, l'analyse et des citations critiques.

BEZOMBES (Renaud)
Cent ans de cinéma
Hatier, 1992.
L'un des meilleurs ouvrages de vulgarisation sur l'histoire et l'esthétique du cinéma.

FORZA (J.-C.), GARAT (A.-M.), PARFAIT (F.)
Petite fabrique de l'image
Magnard, 1989.
Un ouvrage pour lycéen, qui aborde l'image dans tous ses états. Le cinéma y a une large place.

GARÇON (François)
Gaumont, un siècle de cinéma
Coll. « Découvertes », Gallimard, 1994.
L'aventure de la doyenne mondiale des compagnies de cinéma. Une histoire qui se confond avec celle du cinéma.

LIBIOT (Eric)
Le cinéma
Coll. « Qui, quand, quoi ? »
Hachette, 1995.
Des noms, des dates et des chiffres en format poche, mais surtout un texte intelligent.

MARTIN (Marcel)
Le langage cinématographique
Éditions du Cerf, 1987.
Initiation à l'esthétique et à l'histoire du cinéma, à travers l'analyse systématique des procédés d'expression du langage filmique. Un classique plusieurs fois réédité.

PINEL (Vincent)
Le siècle du cinéma
Bordas, 1994.
Les œuvres marquantes, les figures mythiques, les grands courants et les inventions classés année par année. D'une richesse iconographique et d'une érudition rares.

PLATT (Richard)
Les yeux du cinéma
Coll. « Les yeux de la découverte », Gallimard, 1992.
D'une grande richesse iconographique. L'histoire, la technique et le rêve. À conseiller aux plus jeunes.

PREDAL (René)
Histoire du cinéma
Coll. « Cinémaction »,
Corlet/Télérama, 1994.
Une histoire du cinéma mondial en 200 pages, c'est la gageure de ce numéro de *Cinémaction*. Idéal pour les étudiants en cinéma.
Instructif et pédagogique.

ROUYER (Philippe)
Initiation au cinéma
Édilig, 1990.
L'essentiel de l'histoire, de l'esthétique et de la technique cinématographiques en un seul ouvrage très facile d'accès. Un texte clair et précis.

SADOUL (Georges)
Histoire du cinéma mondial
Flammarion, 1993.
Sans cesse réédité, le livre de référence de bon nombre de cinéphiles. L'étude s'arrête en 1970.

TOULET (Emmanuelle)
Cinématographe, invention du siècle
Coll. « Découvertes »,
Gallimard, 1988.
Une étude sérieuse, attractive et documentée sur le cinéma des premiers temps.
Indispensable.

TRUFFAUT (François)
Hitchcock – Truffaut
Gallimard, 1994.
La rencontre de deux géants du cinéma. Ce livre d'entretiens reste le plus indispensable livre de cinéma.

TULARD (Jean)
Guide des films
Coll. « Bouquins », Robert Laffont, 1990.
Un dictionnaire (en 2 volumes) intelligent et très agréable à lire comme à consulter. Pour chaque œuvre (plus de dix mille films sont recensés) sont proposés le générique, un résumé de l'histoire et un jugement critique. Essentiel pour retrouver un nom, une date ou un titre.

Cent ans de cinéma français
Éditions Sages comme des images, 1994.
D'un concept résolument moderne. Un fascicule et une affiche illustrée grand format présentent une vue d'ensemble de cent ans du cinéma français.

Chronique du cinéma
sous la direction de Jacques Legrand, éditions Chronique, 1992.
Retrace l'histoire du 7e Art depuis la lanterne magique jusqu'aux images de synthèse sous la forme d'articles journalistiques.
Attrayant et agréable à lire.

Dictionnaire du cinéma
sous la direction de Jean-Loup Passek, Larousse, 1986.
Aborde, dans plus de 4 700 articles classés alphabétiquement, les domaines artistique, technique et économique du cinéma. L'un des meilleurs dictionnaires du genre.

Dictionnaire des personnages de cinéma
sous la direction de Gilles Horvilleur, Bordas, 1988.
Une réflexion inédite et vivante du cinéma. D'une consultation très agréable.

Le Cinéma
sous la direction de Claude Beylie et de Philippe Carcassonne, Bordas, 1983.
Un ouvrage grand public qui aborde tous les domaines cinématographiques. Des textes clairs de grande qualité et une belle iconographie.

Les éditions Ramsay-Poche et Rivages publient régulièrement des biographies, études analytiques ou historiques à petits prix. Idéal pour démarrer une bibliothèque de cinéma. La collection « Synopsis » de chez Nathan aborde un film par volume.

QUELQUES REVUES

Les Cahiers du cinéma et *Positif*, revues mythiques et de haut niveau, analysent et décorti-

quent les films. Pour cinéphiles avertis.
Cinémathèque, éditée par la cinémathèque française, offre des études passionnantes qui éclairent l'histoire du cinéma d'un jour nouveau.
Première et *Studio Magazine*, revues grand public, font état chacune à leur manière de l'actualité cinématographique. La première sur papier glacé avec des photos superbes, la seconde moins luxueuse avec cependant 8 fiches mensuelles de films à conserver.

Les mordus de cinéma fantastique se plongeront dans *Mad Movies* et *L'Écran fantastique*.

Télérama consacre chaque semaine une large place au cinéma. Les critiques y sont intelligentes, abordables, et les dossiers toujours passionnants.

Diverses revues sont distribuées gratuitement dans les salles de cinéma : *Actua ciné*, *Spectateur* (UGC), et *Grand Écran* (Gaumont).

Les fiches de Monsieur Cinéma (par abonnement seulement) constituent la seule encyclopédie constamment remise à jour. Films, réalisateurs, comédiens, genres, elles sont faciles à consulter et sont un outil de travail précieux. (Pour s'abonner, 3615 M ciné).

Adresses utiles

MUSÉES

Musée du cinéma Henri-Langlois
Palais de Chaillot, Place du Trocadéro
75116 Paris.
Tél. : (1) 45 53 74 39
Musée d'Orsay (Salles sur les débuts
du cinéma)
1, rue de Bellechasse 75007 Paris.
Tél. : (1) 40 49 49 69
Institut Lumière
25, rue du Premier film 69008 Lyon.
Tél. : 78 78 18 95
Musée provencal du cinéma
64, rue de la Joliette 13002 Marseille.
Tél. : 91 90 24 54

CINÉMATHÈQUES

Cinémathèque de Marseille
BP 2279 13211 Marseille Cedex 01.
Tél. : 91 26 50 50
Conservatoire régional de l'image
9, rue Michel Nay 54000 Nancy.
Tél. : 83 37 43 55
Cinémathèque de Vendée
14, rue Haxo 85000 La Roche-sur-Yon.
Tél. : 51 37 71 33
Cinémathèque de Nice
3, esplanade Kennedy 06364 Nice
Cedex 4.
Tél. : 92 04 06 66
Cinémathèque corse
7, rue de Bastia BP 50 20537 Porto-
Vecchio Cedex.
Tél. : 95 70 35 02
Cinémathèque de St-Étienne
20–24, rue Jo-Goutebarge 42001 St-
Étienne Cedex 1.
Tél. : 77 43 09 77
Cinémathèque Aix-Rhône-Alpes
17, boulevard Wilson 73100 Aix-les-Bains.
Tél. : 79 35 38 00
Cinémathèque de Grenoble
4, rue Hector-Berlioz 38000 Grenoble.
Tél. : 76 54 43 51
Institut Lumière
25, rue du Premier film 69008 Lyon.
Tél. : 78 78 18 95
Cinémathèque francaise
7, avenue Albert-De Mun 75116 Paris.
Tél. : (1) 45 53 21 86
Centre Georges-Pompidou (Salle
Garance)
9, rue Beaubourg 75191 Paris Cedex 04.
Tél. : (1) 44 78 12 33

Vidéothèque de Paris
Porte St-Eustache, Forum des Halles
75001 Paris.
Tél. : (1) 40 26 34 30
Cinémathèque de Toulouse
12, faubourg Bonnefoy 31000 Toulouse.
Tél. : 61 48 90 75
Institut Jean-Vigo
21, rue Mailly 66000 Perpignan
Tél. : 68 66 30 33
Cinémathèque universitaire
13, rue de Santeuil 75005 Paris.
Tél. : 45 87 41 49

CENTRES DE DOCUMENTATION ET BIBLIOTHÈQUES
PARIS

Bibliothèque André-Malraux
78, bd Raspail 75006 Paris.
Tél. : (1) 45 44 53 85
Bibliothèque de l'Arsenal
1, rue de Sully 75004 Paris.
Tél. : (1) 42 77 44 21
Bibliothèque du CNC
12, rue de Lübeck 75784 Paris Cedex 16.
Tél. : (1) 44 34 34 40
**Bibliothèque de l'image -
Filmothèque**
Palais de Tokyo 13, avenue du
Président-Wilson 75116 Paris
(Ouverture prévue fin 96).
et la **Cinémathèque universitaire**
(pour étudiants seulement)
**Centre de documentation de la ciné-
mathèque Gaumont**
24, rue Jacques Dulud 92200 Neuilly-sur-Seine.
Tél. : (1) 46 43 23 24

PROVINCE

Centre de documentation du cinéma
13, rue St-Bernard 31000 Toulouse.
Tél. : 61 23 07 01
**Mémoire audiovisuelle de Haute-
Normandie (IRIS)**
43, rue des Capucins 76000 Rouen.
Tél. : 35 88 40 63 (sur rendez-vous).
Cinémathèque de Bretagne
2, avenue Clémenceau BP 6611
29266 Brest Cedex
Tél. : 98 43 38 95 (sur rendez-vous).
Archives du film
7 bis, rue Alexandre-Turpault 78390 Bois d'Arcy.
Tél. : 30 14 80 00 (sur rendez-vous)

et les centres de documentation des structures suivantes : cinémathèque corse (sur R.-
V.), cinémathèque de Marseille (sur R.-V.),
cinémathèque de Toulouse (sur R.-V.), cinémathèque de Vendée, cinémathèque de
Grenoble, institut Lumière, institut Jean-
Vigo, musée provençal du cinéma.

LIBRAIRIES SPÉCIALISÉES

On y trouve tout sur le cinéma : livres,
affiches, photos, posters et objets.

PARIS

Atmosphère 7, rue de Pressensé 75014
Paris. Tél. : (1) 45 42 29 26
Aux films du temps 8, rue St-Martin
75004 Paris. Tél. : (1) 42 71 93 48
Ciné-Images 68, rue de Babylone
75007 Paris. Tél. : (1) 45 51 27 50
Ciné-Reflet 3 bis, rue Champollion
75005 Paris. Tél. : (1) 40 46 02 .72
Ciné-doc 45-53, passage Jouffroy
75009 Paris. Tél. : (1) 48 24 71 36
Clair-Obscur 161, rue St-Martin
75003 Paris. Tél. : 48 87 78 57
Contacts 24, rue du Colisée 75008
Paris. Tél. : (1) 43 59 17 71
Entrée des artistes 161, rue St-Martin
75003 Paris. Tél. : (1) 48 87 78 58
Les Feux de la rampe 2, rue de Luynes
75007 Paris. Tél. : (1) 45 48 80 97
Movie 2000 43, rue de la
Rochefoucauld 75009 Paris. Tél. :
(1) 42 81 02 65

PROVINCE

L'Atalante 15, rue des Vieilles Douves
44000 Nantes. Tél. : 40 47 54 77
Ciné-Folie 60, rue des Remparts
33000 Bordeaux. Tél. : 56 79 09 09
Ciné-Folie 14, rue des frères Pradignac
06400 Cannes. Tél. : 93 39 22 99
B.D Ciné 7, rue Romiguière 31000
Toulouse. Tél. : 61 12 11 85
Le Réverbère 23, rue Long 69002
Lyon. Tél. : 78 28 27 48

Un serveur téléphonique (gratuit) dis-
ponible 24 h sur 24 : « Allo ciné » au
(1) 40 30 20 10 permet de connaître
tous les programmes de cinéma à Paris,
en région parisienne et bientôt en pro-
vince, et réserver ses places dans certaines salles.

LE MUET | LE PARLAN

Quelques termes techniques

Accéléré : procédé permettant d'obtenir un mouvement ultra-rapide par le ralentissement.

Angle : disposition de l'appareil destinée à donner à un plan la qualité la plus expressive.

Cadrage (ou cadre) : choix de l'organisation plastique de ce que capte la caméra.

Champ : limite du décor cadré pour la prise de vues.

Cinémascope : procédé d'écran large obtenu par compression d'une image panoramique sur la pellicule.

Contrechamp : répondant direct d'un champ déterminé.

Flash-back : originellement image-éclair qui rappelle un moment passé ; par extension, procédé de composition qui permet de revenir en arrière dans le temps.

Flash-forward : bond temporel vers le futur.

Fondu : procédé de transition qui consiste à obscurcir graduellement l'image et à lui substituer une autre image.

Montage : travail de synthèse qui reconstitue l'action morcelée au cours de la prise de vues ; en un sens plus artistique, il s'agit de créer un équilibre entre les diverses séquences et les divers plans pour assurer un rythme bien déterminé et, éventuellement, assurer une signification précise à la suite des images (les cinéastes soviétiques, tels Poudovkine et Eisenstein, ont donné une place essentielle au montage).

Panoramique : mouvement par lequel un appareil pivote autour d'un axe fixe de droite à gauche (plan horizontal) ou de bas en haut (plan vertical).

Plan : à la prise de vues : portion de film impressionnée entre un déclenchement du « moteur » et l'interruption consécutive. Au montage : portion de film comprise entre deux collures.

Plan américain : personnages cadrés à mi-cuisses.

Plan rapproché : personnages cadrés à la ceinture.

Gros plan : personnages cadrés au visage.

Profondeur de champ : netteté totale d'une image à tous les points de l'espace, recréant ainsi l'illusion des trois dimensions.

Plongée : procédé qui consiste à placer la caméra plus haut que le sujet (le contraire : contre-plongée).

Prise : tournage d'une scène, ensemble des opérations nécessaires à ce travail.

Rushes : images enregistrées dans la journée, qu'on projette aussitôt en vue de la sélection.

Séquence : toute partie du film ayant une unité dramatique, et formant un bloc (correspondant à ce qu'est le chapitre dans un roman).

Synopsis : canevas qui doit donner en quelques pages une idée aussi précise que possible du sujet.

Travelling : déplacement de l'appareil de prise de vues sur un rail.

Zoom : objectif à focale variable permettant d'obtenir des travellings sans bouger la caméra.

Index des noms

LE MUET | LE PARLAN'

Index des principaux films cités

Responsable éditorial
Bernard Garaude
Directeur de collection – Édition
Dominique Auzel
Secrétariat d'édition
Véronique Sucère
Correction – révision
Jacques Devert - Pierre Casanova
Iconographie
Sandrine Batlle
Conception graphique– Couverture
Bruno Douin
Maquette
Isocèle
Fabrication
Isabelle Gaudon
Sandrine Sauber-Bigot

Crédit photos

Cinémathèque de Toulouse : pp. 3, 6,
7, 8, 9, 11, 12, 13, 15, 16, 19, 22, 23, 26,
27 (b), 28, 34, 35, 36, 37, 40, 41, 42, 45
(b), 50, 51/ Les Amis d'Émile Reynaud :
p. 4/ Collection « Les Cahiers du
Cinéma » : pp. 10, 18, 20, 21, 24, 28,
27 (h), 33 (h), 39, 43, 44, 48, 49/
Vincent Pinel : p. 14/ Maria Rouquier :
p. 30/ D. Auzel : p. 32/ Les Films du
Carrosse : p. 45 (h)/ Sunrgia © photo
Brian Hamill : pp. 46, 47/
Futuroscope : pp. 52, 53.

Aubin Imprimeur, 86240 Ligugé.
D.L. octobre 1998. - Impr. P 57067

*Les erreurs ou omissions
involontaires qui auraient pu
subsister dans cet ouvrage malgré
les soins et l'attention de l'équipe
de rédaction ne sauraient engager
la responsabilité de l'éditeur.*

© 1995 Éditions MILAN
300, rue Léon-Joulin,
31101 Toulouse cedex 100 France